# Selfpublisher „work-life-balance"
## Kreativ sein ist alles was zählt

Jörg Becker

© 2019 Jörg Becker

www.beckinfo.de

## Der Autor

Jörg Becker hat Führungspositionen in der amerikanischen IT-Wirtschaft, bei internationalen Consultingfirmen und im Marketingmanagement bekleidet und ist Inhaber eines Denkstudio für strategisches Wissensmanagement zur Analyse mittelstandorientierter Businessoptionen auf Basis von Personal- und Standortbilanzen. Die Publikationen reichen von unabhängigen Analysen bis zu umfangreichen thematischen Dossiers, die aus hochwertigen und verlässlichen Quellen zusammengestellt und fachübergreifend analysiert werden. Zwar handelt es sich bei diesen Betrachtungen (auch als Storytelling) vor allem von Intellektuellem (immateriellen) Kapital nicht unbedingt um etwas Neues, aber um etwas Anderes. Denn um neue Wege zu gehen, reicht es manchmal aus, verschiedene Sachverhalte, die sich bewährt haben, miteinander neu zu kombinieren und fachübergreifend zu durchdenken. Zahlen ja, im Vordergrund stehen aber „weiche" Faktoren: es wird versucht, Einflussfaktoren nicht nur als absolute Zahlengrößen, sondern vor allem in ihrer Relation zueinander und somit in ihren dynamischen Wirkungsbeziehungen zu sehen. Auch scheinbar Nebensächliches wird aufmerksam beobachtet. In der unendlichen Titel- und Textfülle im Internet scheint es kaum noch ein Problem oder Thema zu geben, das nicht bereits ausführlich abgehandelt und oft beschrieben wurde. Viele neu hinzugefügte und generierte Texte sind deshalb zwangsläufig nur noch formale Abwandlungen und Variationen. Das Neue und Innovative wird trotzdem nicht untergehen. Die Kreativität beim Schreiben drückt sich dadurch aus, vorhandenes Material in vielen kleinen Einzelteilen neu zu werten, neu zusammen zu setzen, auf individuelle Weise zu kombinieren und in einen neuen Kontext zu stellen. Ähnlich einem Bild, das zwar auf gleichen Farben beruhend trotzdem immer wieder in ganz neuer Weise und Sicht geschaffen wird. Texte werden also nicht nur immer wiederholt sequentiell gelesen, sondern entstehen in neuen Prozess- und Wertschöpfungsketten. Das Neue folgt aus dem Prozess des Entstehens, der seinerseits neues Denken anstößt. Das Publikationskonzept für eine selbst entwickelte Tool-Box: Storytelling, d.h. Sach- und Fachthemen möglichst in erzählerischer Weise und auf (Tages-) Aktualität bezugnehmend aufbereiten. Mit akademischer Abkapselung haben viele Ökonomen es bisher versäumt, im Wettbewerb um die besseren Geschichten mitzubieten. Die in den Publikationen von Jörg Becker unter immer wieder anderen und neuen Blickwinkeln dargestellten Konzepte beruhen auf zwei Grundpfeilern: 1. personenbezogener Kompetenzanalyse und 2. raumbezogener Standortanalyse. Als verbindende Elemente dieser beiden Grundpfeiler werden a) Wissensmanagement des Intellektuellen Kapitals und b) bilanzgestützte Decision Support Tools analysiert. Fiktive Realitäten können dabei manchmal leichter zu handfesten Realitäten führen. Dies alles unter einem gemeinsamen Überbau: nämlich dem von ganzheitlich durchgängig abstimmfähig, dynamisch vernetzt, potential- und strategieorientiert entwickelten Lösungswegen.

## Management Overview

Die Drehgeschwindigkeit der Verlagsprogramme beschleunigt sich. Bücher tragen mehr und mehr die Handschrift von Marketingabteilungen (und weniger die eines Lektorats). Die Frage ist nicht mehr: will ich dieses Buch verlegen, weil ich es für ein wichtiges Buch halte? Sie lautet: kann ich es verkaufen und, wenn ja, wem? Es findet eine „permanente Ökonomisierung geistiger Landstriche statt": was nicht geht kommt nicht in das Sortiment hinein. Diese Logik bringt einerseits den gesamten Markt ins Wanken, bietet aber anderseits auch dem unabhängigen Eigenverleger die Chance zur Eigenproduktion. Das Angebot an digitalen Buchinhalten steigt. Wer sich nicht bewegt, wird in einem solchen dynamischen Umfeld nicht erfolgreich sein (ein Anrecht auf Überleben gibt es nicht). Die Preisdynamik erhöht zusätzlich den Druck der Wechselbäder dieses Geschäftes. Work-Life-Balance umfasst u.a. Konzepte für: Lebenslanges Lernen, altersgerechte Arbeitsgestaltung oder Gesundheitsprävention. Eigenverleger sind im disruptiven Buchmarkt keine passiven Gestaltungsobjekte, sondern Träger von Zielen, Bedürfnissen, Wertvorstellungen und der Möglichkeit des (re-) aktiven Handelns: Work und Life sind keine Gegensätze, sondern zwei Seiten der gleichen Medaille. Das Risiko zu definieren und zu managen macht man deshalb, weil die meisten von uns sich Gedanken darüber machen, was die Zukunft bringen mag. In jedem Fall wohl eine ganze Bandbreite von möglichen Ereignissen. Nicht alle werden angenehm, manche werden vielleicht schmerzhaft sein. Die

Möglichkeiten scherzhafter Ereignisse stiften den Anreiz, wenigsten ihr Ausmaß zu begrenzen. Wer über Risiken nachdenkt, versucht also schon per definitionem, in die Zukunft zu schauen. Die Extrapolation der Vergangenheit und Erfahrungen in die Zukunft ist hierfür nicht immer (manchmal überhaupt nicht) ausreichend. Zeithorizont: Über welchen Zeitraum hinweg ist man einem besonderen Risiko ausgesetzt? Szenarien: Welche Ereignisse sind in der Zukunft möglich, und wie können sie den Wert von Investitionen, Anlagen u.a. beeinflussen? Risikomaß: Welche Instrumente kann und sollte ein Eigenverleger einsetzen? Der Medienmarkt ist turbulent: eine klare Positionierung ist das A und O. Arbeitet ein Self-Publisher auch noch als Freier, so nimmt er mit seiner Entscheidung für einen bestimmten Auftraggeber bereits Vieles vorweg: nicht jeder Kunde ist ein guter Kunde. Zum einen gibt es die „Mietebezahler", die das berufliche Standbein sind. Oder die „Türöffner", die vielleicht weniger einbringen, aber Reputationskunden locken. In acht nehmen sollte sich der Autor vor dem Typus „Zeitstehler". D.h. Kunden, die einfach nur viel Zeit kosten, finanzielle aber wenig (oder nichts) einbringen. Beim Deutschen Journalistenverband rät man: „einfach nur fürs Lokalblättchen losschreiben und zu hoffen, dass dies den Lebensunterhalt auf ewig finanzieren kann, bringt nichts". Wichtig ist vor allem eine durchdachte Strategieplanung und sich dabei zu fragen: bin ich mit dem derzeitigen Stand zufrieden? wie zufrieden sind meine Kunden? welche Kunden möchte ich haben? Die Umwelt wird erst durch die Benennung von Sachverhalten handhabbar. Wie lässt sich Sprache ökonomischer verwenden? Wie lässt sich Klarheit in Wörter gleichsam einweben, als müsse man nur munter sprechen und schreiben, um das Richtige zu treffen und von jedermann verstanden zu werden? Was sind die Kriterien einer geglückten Kommunikation? Am Anfang sollte immer Leichtverständlichkeit stehen. Sprache ist immer ein System von Signalen, die von zwei oder mehr Lebewesen benutzt und im Großen und Ganzen verstanden werden. Wer den klaren Vorsatz hat, für jedermann verständlich zu sein, sollte sich darüber im Klaren sein, in welch kompliziertes Netz von unhörbaren, aber verständlichen Informationen wir eingesponnen sind. Das Vermögen eines Eigenverlegers lässt sich nicht nur über herkömmliche Bilanzen von seiner materiellen Seite her durchleuchten, sondern auch über das Instrument der Wissensbilanz von seiner immateriellen Seite des Intellektuellen Kapitals her. Besonders wissensbasierte Projekte werden damit erst vollständig und sicher bewertbar. Gegenüber der üblichen Bilanzierung materieller Wirtschaftsgüter hat das Instrumentarium der Wissensbilanzierung bereits einen entscheidenden Vorteil: es werden auch die zwischen einzelnen Kapitalkomponenten bestehenden Beziehungen hinsichtlich ihrer Wirkungsstärke und Wirkungsdauer sichtbar gemacht. Aus diesem ohne entsprechende Instrumente kaum durchschaubaren Beziehungsgeflecht lassen sich diejenigen Maßnahmen herausfiltern, die aufgrund ihrer hohen Hebelwirkung für die zukünftige Entwicklung des Eigenverlages das größte Potential erwarten lassen. Der Selfpublishing-Markt wird professioneller: Anteil Hobby-Autoren ist rückläufig. 2015 entfallen in Deutschland bereits 30 Prozent der Neuerscheinungen auf Selfpublishing. Bei Experten-Autoren ist der Anzahl publizierter Titel im Selfpublishing im Vergleich zu klassischen Verlagen deutlich höher. Die Zahl der Autoren, die vom Selfpublishing leben steigt (vor allem in den USA, zunehmend auch in Deutschland) laufend. Experten-Autoren können in Deutschland bis zu 30.000 Euro im Jahr verdienen. Klassische Verlage können einen Titel immer nur für eine relativ kurze Zeit (ca. 1 Jahr) betreuen. Der Self-Publisher muss solche Vermarktungsaufgaben völlig in Eigenregie übernehmen. Im Selfpublishing-Markt stagniert zwar der E-Book-Anteil, der Anteil Books on Demand aber nimmt laufend zu: E-Books sind vor allem ein Marketing-Instrument, Umsatzbringer dagegen ist das Book on Demand. Im Bereich Marketing ist das Verschenken von Büchern (z.B. an Redaktionen) ein wichtiges Vertriebsinstrument. Man sollte 5-10 Stunden pro Woche für die Eigenvermarktung aufwenden. Selfpublishing bietet die Möglichkeit, auch eng begrenzte (auch regional) Zielgruppen anzusprechen (d.h. auch solche, die sich für klassische Verlage nicht lohnen). Die Beschaffung einer ISBN belegt, dass man das Buch am Markt (zur Erzielung von Umsatz und Gewinn) veröffentlichen will und nicht als Liebhaberei für den Eigenbedarf betrachtet. Die Individualisierung hält auch in die Arbeitswelt der schreibenden Zunft Einzug: der Anteil der Selbständigen wird stark zunehmen, Nichtselbständige werden zu einem großen Teil Werkverträge oder befristete Arbeitsverträge haben. Die guten Leute werden sich als "Selbst-Unternehmer" nicht mehr auf Dauer an Verlage binden/ verkaufen, sondern in wechselnden Netzwerken arbeiten. Die

Kinder von heute werden in ihrem Leben verschiedene Berufe ausüben und zwischen verschiedenen Erwerbsformen wechseln. Self-Publishing ist hierbei für solche Arbeitsformen ein Vorreiter. Durch mehr Transparenz und nachvollziehbare Bewertung/ Messung knapper Wissensressourcen können diese auch vom Self-Publisher im Wettbewerb zielgerichteter genutzt werden. Denn es wird grundsätzlich und branchenübergreifend immer mehr darauf ankommen, dass man vor allem wissensgestützte Produkte und Dienstleistungen nutzt: der Marktwert heutiger Produkte und Dienstleistungen basiert zu einem immer größeren Teil auf deren Informationsgehalt. Immer mehr Autoren verlegen ihre eigenen Bücher selbst, statt mit dem zufrieden zu sein, was ihnen von traditionellen Verlagen ermöglicht wird. Es ist ein mutiger Trend, eine Ausweichbewegung, ein Akt der Selbstbehauptung. Geld sammeln, sich verschulden, um Chancen auf Einnahmen zu generieren und wahrzunehmen, was sonst kein Verlag bietet. Denn im Verlag hat das Lektorat einen Chef über sich. Und wenn bei dem die Quote, Auflage nicht stimmt, macht er den Lektor verantwortlich. Im Bereich des Sachbuches kann es schon einmal dauern, bis sich die erhofften Einnahmen (die Auflagen sind ohnehin niedriger als im Bereich Crime and Sex) einstellen. Kaum ein Lektor ist bereit, hierfür das Risiko zu tragen oder gar seinen Job aufs Spiel zu setzen. Den Sachbuchautor bleibt somit letztlich nur der Ausweg über eine kostengünstige Self-Publishing-Strategie. Ein Eigenverleger ist Mitglied der Kreativwirtschaft. Als solches sollte er die besonderen Merkmale dieser Branche kennen und in seine

Entscheidungen (wo nötig) einfließen lassen. Besonders in seinem ihn umgebenden Standortumfeld ist der Eigenverleger nicht nur Einzelperson oder -gruppe, sondern in der Wahrnehmung Dritter mit seinen Geschäftstätigkeiten auch immer einer bestimmten Branche zuordenbar und unter diesem speziellen Blickwinkel ansprech- und bewertbar. Kaum eine andere Branche ist wie die Kultur- und Kreativwirtschaft einem derart starken Wandel unterworfen. Zum einen liegt dies bereits strukturell in der Vielfalt unterschiedlicher Teilbranchen begründet. Darüber hinaus wirken zahlreiche Einflüsse von innen und außen auf das Kräftefeld dieser Branche ein. Wenn man nach den für die Kultur- und Kreativwirtschaft relevanten Erfolgsfaktoren fragt, haben sich als solche in diversen Untersuchungen herausgeschält: Ideenreiche nicht-technologische Innovation, eigenständiges Wirtschaftsfeld, Vorreiterrolle für wissensbasierte Ökonomie, Immaterielle Produkte und Kleinstserien, Impulsgeber für neue Technologien, Vielfalt an Unternehmenstypen, Sensor für Zukunftstrends, Signalgeber für gesellschaftliche Veränderungen, Vielfaltsproduktion, Contentorientierte Innovationsprozesse, Künstlerische und kreative Inhalte, Schöpferisches Denken. Erzählen ist nicht aus der Zeit gefallen oder nur etwas für Beduinenstämme oder Kindergärten. Den meisten von uns geht nicht um Zahlen, sondern um Erlebnisse und Ereignisse. Aus denen wir versuchen, eine Erzählung zu stricken. Die gut ausgeht, vielleicht aufregend ist oder einen Sinn ergibt. Indem wir uns so zu einem Teil von etwas Größeren machen, werden wir fähig unsere Kleinheit zu ertragen, Niederlagen zu überwinden. Der moderne Mensch lebt in Formeln oder Zahlen. Es scheint nichts mehr zu geben, was sich nicht durch eine Abfolge von Nullen und Einsen ausdrücken ließe. Nicht alle besitzen genug Phantasie, aus sich heraus Erzählungen zu schaffen, die Erlebnisse und Ereignisse in einen größeren Zusammenhang zu stellen vermögen. So werden Leben auch manchmal zu Heldengeschichten umgedeutet. Und der Mensch erfindet sich eine Geschichte, die er für sein Leben hält. Jedes Buch hat seine eigene DNA. Dennoch gibt es einige mehr oder weniger allgemeingültige Erfolgsfaktoren wie beispielsweise die Titelwahl oder jene „Magie des ersten Satzes". Manche Erfolge scheinen dem Leitbild zu huldigen: „je blöder desto Bestseller". Der Vergleich von Verlagswesen und Selfpublishing erinnert an das sprichwörtlich grünere Gras auf der jeweils anderen Seite: hier das Prestige und die professionelle Unterstützung, dort die große Freiheit und die höheren Tantiemen. Laut einer Studie von Books on Demand sind es in Europa mehr als zehn Prozent der Autoren, die vom Schreiben als Selfpublisher leben können. Die zunehmende Professionalisierung der Selfpublisher trägt zu diesem Erfolg bei. Nach groben Schätzungen von Marktbeobachtern gibt es in Deutschland etwa 75.000 Selbstverleger. Seit 2013 hat die Konkurrenz zugenommen, für Neuankömmlinge sind diese keine goldenen Zeiten. Unter den in Verlagen publizierenden Autoren gibt es Bestsellerphänomene wie die Erfolgsgeschichte von Enid Blyton: mehr als 750 Bücher und zehntausend Kurzgeschichten (weltweit übersetzt). Besonders im neunzehnten Jahrhundert war es verbreitet, dass Bestsellerautoren mit Helfern arbeiteten, die lediglich hinskizzierte Handlungsstränge ausführten. „Das wurde nicht als ehrenrührig angesehen, schließlich stand es in der Tradition der bildenden Kunst, als Handwerk in einer Werkstatt betrieben: Einer legt das Altarbild an und malt Christus am Kreuz, seine Gesellen kümmern sich um Faltenwurf und Hintergrund". Für manche Erfolgsautoren gilt als Strategie: niemals ein Erfolgsrezept variieren, sondern es immer wieder aufkochen. Auch der Buchmarkt ist innerhalb der bereits sehr heterogenen Kultur- und Kreativwirtschaft noch kein in sich homogener Teilmarkt. Er ist vielmehr in sich genauso zersplittert und enthält zumindest ebenso viele Unterschiedlichkeiten als da beispielsweise sind: Sachbuch- und Fachverlage, Kunstverlage, Wissenschaftliche Verlage, Publikumsverlage, Belletristik-Verlage, Kinder- und Jugendbuchverlage, Ratgeber, Hörbuch-Verlage, Buchhändler in allen Schattierungen, Verlagsauslieferungen, Zwischenbuchhändler, Presse-Grosso, Andere Dienstleister. Die Zukunft hat bereits begonnen: mehr als jedes zehnte Buch wird über einen Online-Buchhändler gekauft. Die Vertriebswege für digitale Produkte (Hörbücher, E-Books) wachsen geradezu rasant. Zudem ermöglicht die Digitalisierung Plattformen für neue Geschäftsmodelle: Der Buchmarkt umfasst insgesamt mehr als 14.000 Unternehmen. Der Umsatz der Branche wird auf 15 – 16 Milliarden Euro geschätzt, der von ca. 79.000 Erwerbstätigen erwirtschaftet wird. Es gibt ca. 2.700 Buchverlage, die mit ca. 40.000 Erwerbstätigen einen Umsatz von etwa 11 Milliarden Euro erzielen. Es gibt ca. 5.000 Einzelhandelsunternehmen mit 32.000 Erwerbstätigen, die einen Umsatz von etwa 4 Milliarden Euro erzielen. Über 90 % der

Buchmarktunternehmen sind zu den Kleinst-unternehmen (Jahresumsatz < 2 Mio Euro) zu zählen; diese erzielen aber nur ca. 30 % des Gesamt-Branchenumsatzes. 6.500 selbständige Schriftsteller erzielen einen Umsatz von etwa 500 Millionen Euro. Die Zukunft des Marktes dürfte mit davon abhängen, wieweit es gelingt, sich im schnelllebigen Feld der Digitalisierung zu behaupten, hierfür geeignete Preismodelle zu entwickeln und das Urheberrecht unbeschadet zu schützen. In diesen Zusammenhang gehört auch das Thema E-Books, das für die mit digitalen Medien groß gewordene „next generation" zu den Selbstverständlichkeiten des täglichen Gebrauchs zählen dürfte. Mittlerweile gibt es eine eigene Branchen-Plattform im Internet, über die Verlage ihre Buchinhalte weltweit recherchierbar und als E-Book handelbar machen können (www.libreka!.de). Auch bei dem für Wissenschafts- und Fachverlage wichtigen digitalen Dokumentenversand gibt es eine Zusammenarbeit zwischen Verlagen und Bibliotheken (subito e.V.). Weiter absehbare Entwicklungen: Autoren können ohne den Zwischenschritt von Verlag und Buchhandel direkt an den Konsumenten verkaufen. Der Anteil digitaler Produkte wird weiter zunehmen. Es werden heute noch unbekannte Geschäftsmodelle entstehen. Ein verändertes Kundenverhalten wird zur Konzentration (Sortimentsbuchhandel) und neuen Vertriebsformen im Buchhandel beitragen. Die Warengruppen-anteile verschieben sich weg vom Fachbuch hin zum allgemeinen Sortiment. Das Internet kann in der engen Verzahnung von lokalen Geschäften und Online-Shop Chancen eröffnen. Das Idealbild manchen Eigenverlegers, Künstler und

Schriftsteller sein zu dürfen, entspricht selten der Wirklichkeit. Es ist ein harter Broterwerb ohne Feierabend oder die Sicherheit eines Tariflohns. Gleichzeitig ist es der Zwang zur pausenlosen Produktivität sowie die Unmöglichkeit der Trennung von Berufs- und Privatleben. Wenn Politiker über das Buchgeschäft reden, über nehmen sie gerne das Selbstbild der Traditionsverlage und schmücken es eher schwärmerisch aus. Im Namen einer großen Passion, als leidenschaftlicher Vielleser und mit künstlerischem Habitus. Ein Traum, den sich allerdings immer weniger erfüllen können, die mit Büchern Geld verdienen wollen (müssen). Das Selbstbildnis eines Büchermachers aus Leidenschaft mag vielleicht für Bohemiens obligatorisch sein. Für das harte Brot des Eigenverlegers braucht es jedoch wirtschaftliches, und vor dem Hintergrund von dramatischen Markteinbrüchen und -umbrüchen vor allem auch strategisches Denken und Handeln. So steht auch der Eigenleger vor dem Paradoxon, dass Bücher teurer werden müssen, obwohl sie noch nie so schnell, billig und schön hergestellt werden konnten. Ein Verleger sagte einst, dass ein Buch immer so viel wie ein Schuh kosten müsse. Schaut man sich jedoch um, so tragen viele Menschen Schuhe, die ein Vielfaches des gebundenen Ladenpreises von zwei (oder mehr) Titeln eines Eigenverlegers kosten.

## Themen-Leitfaden

Eigenverleger mit hoher Drehgeschwindigkeit von Buchinhalten

„Work-Life-Balance" – Quelle für Wertschöpfung

Wie funktionieren Portfoliotechniken

Eigenverleger als Inhaltelieferant

Im Horizont des Zeittrichters mögliche Unsicherheiten ins Kalkül ziehen

Mietebezahler – Türöffner – Zeitstehler

Printbook-Eckdaten

Wörter kanalisieren Gedanken

Im Dauerstress permanenter Kommunikation

Eigenverleger lernen von Wirtschafts-Senioren

E-Book-Merkmale

Experten-Autoren gegenüber Hobby-Autoren auf dem Vormarsch

Self-Publishing als Vorreiter individualisierter Arbeitswelten

Finanzperspektive im Blickfeld

Die Zukunft ist ungewiss

Low-Budget-Konditionen als Akt der Selbstbehauptung

Journalist und Mitglied im DJV

Eigenverleger – kreativ sein ist alles was zählt

Geschichten erzählen

Titelwahl und Klickzahlen

Autorenerfolge - zunehmende Professionalisierung der Selfpublisher

Eigenverleger ohne Feierabend – mit Büchern Geld verdienen

Eigenverleger auf Stilsuche

Das Buch als unverzichtbares Kulturgut

Konzept für eine Altersvorsorge entwickeln

Traum von der Million

## Eigenverleger mit hoher Drehgeschwindigkeit von Buchinhalten

Zwischen analoger Gegenwart und digitaler Zukunft des Buches sitzt Ratlosigkeit. Ein Verlag, der seiner Neuerscheinung eine gute Position auf den Verkaufstischen sichern möchte (muss), muss dafür viel zahlen (Rabatte, Warenkostenzuschuss u.a.): die einstige Verkaufsmacht ist dahin, Buchhändler auf dem flachen Land sterben aus. Grundsätzlich schwanken viele zwischen analoger Vergangenheit und digitaler Zukunft.

Die Drehgeschwindigkeit der Verlagsprogramme beschleunigt sich. Bücher tragen mehr und mehr die Handschrift von Marketingabteilungen (und weniger die eines Lektorats). Die Frage ist nicht mehr: will ich dieses Buch verlegen, weil ich es für ein wichtiges Buch halte? Sie lautet: kann ich es verkaufen und, wenn ja, wem? Es findet eine „permanente Ökonomisierung geistiger Landstriche statt": was nicht geht kommt nicht in das Sortiment hinein.

Diese Logik bringt einerseits den gesamten Markt ins Wanken, bietet aber anderseits auch dem unabhängigen Eigenverleger die Chance zur Eigenproduktion. Das Angebot an digitalen Buchinhalten steigt. Wer sich nicht bewegt, wird in einem solchen dynamischen Umfeld nicht erfolgreich sein (ein Anrecht auf Überleben gibt es nicht). Die Preisdynamik erhöht zusätzlich den Druck der Wechselbäder dieses Geschäftes.

*Veränderungen bis in die Köpfe hinein:* mit der (nahezu unbegrenzten) Verfügbarkeit von Daten in der Welt von Big Data wachsen die Möglichkeiten einer intelligenten Steuerung von Produkten und Dienstleistungen. Die Welt verwandelt sich: die Netzgemeinde ist volatil. D.h., auch die Marktherrschaft von Suchmaschinen und Versandplattformen ist nicht unerschütterlich. Das Netz hat viele Facetten, der Markt ist in ständiger Bewegung. Gewinner und Verlierer im Spiel der Datenabschöpfung oder Macht über Informationszugänge müssen nicht endgültig sein. Aber die Veränderung der Digitalwirtschaft greifen tief (bis in die Köpfe der Menschen hinein). Verbraucher werden nicht nur zu Nutzern, sondern auch zu Geführten.

Das Netz hat vieles versprochen und manches gehalten, an das man vor nicht allzu langer Zeit nicht einmal zu denken wagte: Dezentralität der Information, das Entstehen neuer Foren, Bloggergemeinden, kreative Möglichkeiten für die Nutzung von Wissen, Selbstverwirklichung u.a. Wo aber so viel Licht ist, muss auch viel Schatten sein. Die Digitalwirtschaft rückt immer näher an die Persönlichkeit der Menschen und ihre Bedürfnisse heran. Will sich quasi passgenau andocken, immer dienend und dadurch herrschend.

Alles soll digitalisiert und jedermann zugänglich gemacht werden. Bisherige Multiplikatoren wie Verlage, Zeitung u.a. werden beiseite gedrängt. „In der Summe der digitalen Systeme überlässt die offene Gesellschaft die Verfügung über kommunikative und kulturelle Codes unbekannten Akteuren, das macht schnelle und bahnbrechende Innovationen möglich, bedeutet aber auch erhebliche Risiken". „An die Stelle von journalistischer Recherche tritt das zusammengeklickte Momentanwissen in Erregungszuständen".

## „Work-Life-Balance" – Quelle für Wertschöpfung

Je wissensintensiver die Leistungen eines Eigenverlegers sind, um größer ist die Bedeutung dieses in Köpfen gespeicherten Wissens. Somit ist ein Eigenverleger immer auch ein Produzent und Inhaber immaterieller Vermögenswerte. Work-Life-Balance umfasst u.a. Konzepte für: Lebenslanges Lernen, altersgerechte Arbeitsgestaltung oder Gesundheitsprävention. Mit Work-Life-Balance kann über eine verbesserte Arbeitsmotivation die Arbeitsproduktivität gesteigert werden. Wann ist ein Eigenverleger erfolgreich? In jedem Fall spielt der menschliche Faktor des Erfolgs eine große Rolle, Die Ressource "Humankapital" weist eine Reihe charakteristischer Merkmale auf: Wertschöpfung: menschliche Arbeit wird zunehmend als Quelle für betriebliche Wertschöpfung erkannt, sie ist jedoch nicht von der Person, die sie leistet, zu trennen. Eigenverleger sind im disruptiven Buchmarkt keine passiven Gestaltungsobjekte, sondern Träger von Zielen, Bedürfnissen, Wertvorstellungen und der Möglichkeit des (re-) aktiven Handelns, was sich u.a. in der Aversion gegenüber (zusätzlicher) Steuerung und Kontrolle manifestiert. Work und Life sind keine Gegensätze, sondern zwei Seiten der gleichen Medaille. Für viele, die als Eigenverleger starten, ist Geld zwar wichtig, aber nicht alles. Für viele darf eine Bücher-Karriere nicht ausschließlich auf Kosten von Privatleben, Freunden oder Familie stattfinden. Nicht nur Frauen, sondern viel stärker als früher, suchen auch Männer nach Balance. Trotz eines ausgeprägten Strebens nach der „Work-Life-Balance" muss man aber seine Arbeit machen und sich in Strukturen einpassen. Das gilt auch für Eigenverleger.

Grundsätzlich stehen sowohl Eigenverleger als auch abhängig Beschäftigte vor den drei entscheidenden W-Fragen:
**Wo** stehe ich heute?
**Wo** will ich hin?
**Wie** komme ich dorthin?
Für jeden Eigenverleger gibt es genug Anlässe um einzuhalten, um sich darüber Klarheit zu verschaffen: Wo stehe ich heute? Vielleicht sollte er auch einmal in Gedanken durchspielen, ob er noch zufrieden mit dem augenblicklichen Ist-Zustand sein darf. Oder ob er nach wie vor alle Anforderungen erfüllen kann. Oder ob eine Antwort auf die Frage des „wo stehe ich heute?" vielleicht die dringende Notwendigkeit einer Veränderung sein könnte.
*Ausgangspunkt zur „Wo will ich hin?"-Frage:* Immer aber wird eine Antwort auf die erste W-Frage des „wo stehe ich heute?" Voraussetzung und Ausgangspunkt für die zweite W-Frage, nämlich die nach dem „wo will ich hin?", sein. Ein Erfolg dürfte sich nachhaltig immer nur dann einstellen, wenn diese vor dem Hintergrund klarer Zielvorstellungen, d.h. der Frage: „Wo will ich hin?" erfolgte. Wenn, wie so oft gesagt wird, der Weg das Ziel ist, so sollte ein Eigenverleger die hierfür anstehenden Verfahren nicht quasi im Blindflug absolvieren wollen. Viele Probleme im Bereich der „3-W"-Fragen entstehen auch durch Auswechseln und Umkehr der hier angesprochenen Reihenfolge. D.h. man beschäftigt sich bereits mit der dritten

W-Frage des „wie komme ich dorthin?" ohne eine genaue Zielvorstellung der zweiten W-Frage nach dem „wo will ich hin?" ausreichend geklärt zu haben. Das wäre in etwa so, wenn sich ein Läufer im Stadion bereits auf den Weg machen würde, ohne eine genaue Vorstellung davon zu haben, ob sein Ziel nun die 100m-, 200m-, 400m-, 800m-, 5.000m- oder 10.000m-Strecke sein soll, ob etwa ein 110m-Hürden- oder ein 3.000m-Hindernislauf anstehen könnte.

## *Ampel- und Profildarstellung einbauen*

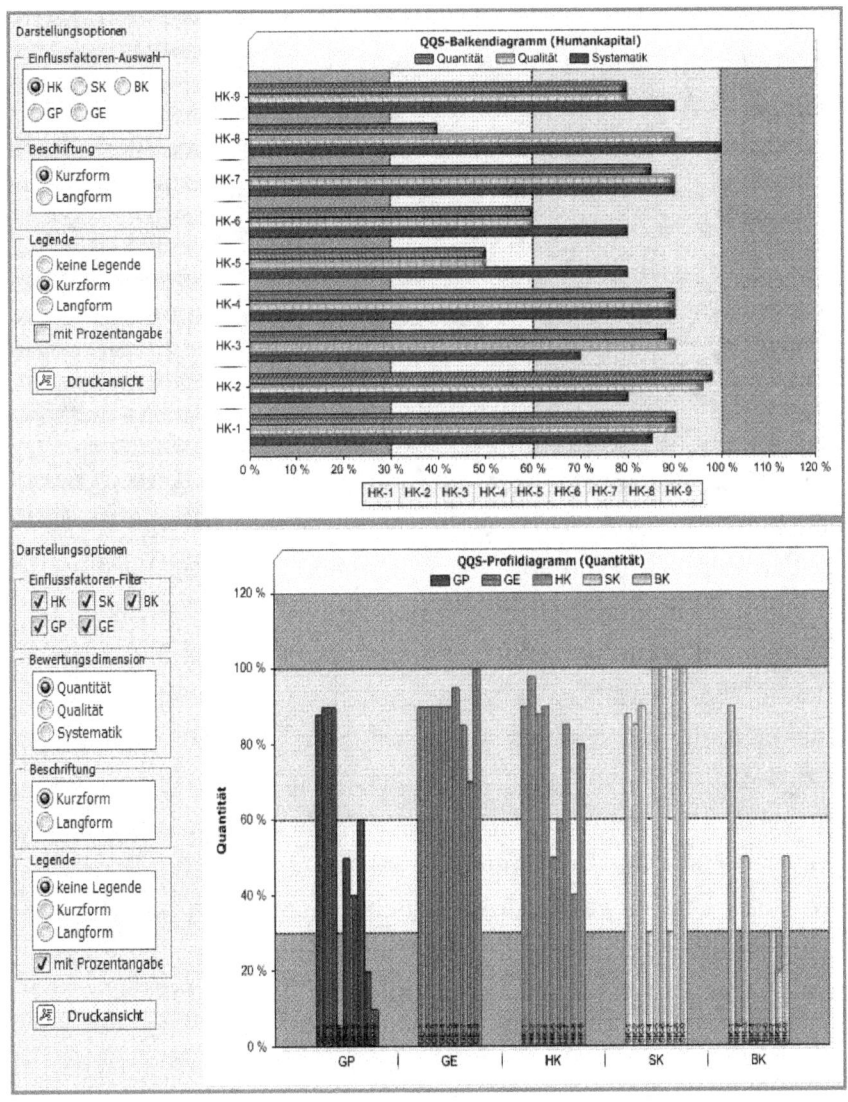

*Was oder wo ist die Ziellinie?* Nach der Kernfrage Nr. 1 „Was kann ich?" werden unter dem Gesichtspunkt der Marktorientierung zusätzlich die Kernfragen Nr. 2 und Nr. 3 in den Mittelpunkt gerückt: Wer bin ich? Was will ich? Eine Antwort auf diese Fragen gestaltet sich schon etwas schwieriger. Anhaltspunkte hierfür können beispielsweise auch Referenzen liefern, sofern sie nicht nur aus reiner Gefälligkeit bescheinigt wurden. Zweites Informationsmittel in diesem Fragenkomplex wäre dann der Lebenslauf. Hintergrund der beiden Fragen ist jedenfalls die Gewissheit, dass die Person eines Eigenverlegers mehr ausmacht als Noten in Ausbildungszeugnissen und standardmäßig aufpolierte Formulierungen in Arbeitszeugnissen. Hier kommen jetzt wieder die manchmal milde belächelten sogenannten „weichen" Faktoren ins Spiel. So besteht in der Wirtschaftspraxis weitgehend Einigkeit darüber, dass die Managementfragen bezüglich der klassischen Produktionsfaktoren weitgehend ausgereizt sind. Anders beim Intellektuellen Kapital, d.h. den „weichen" selten oder überhaupt nicht gemessenen Faktoren: hier liegt die Managementzukunft noch vor uns. Es macht nur wenig Sinn, als Eigenverleger in einem schwierigen Markt zu agieren, ohne eine möglichst genaue und begründete Vorstellung darüber zu haben, für welches Leistungs-(Produkt-)angebot man selbst steht und welche Anforderungen die Nachfrageseite des Marktes an einen Eigenverleger als Leistungsträger (Produktanbieter) stellt.

Um noch einmal ein Bild des Sportes zu verwenden: Was würden man von einem Sportler halten müssen, der zu Beginn eines Wettkampfes (irgendwie ist dies ja auch eine Tätigkeit als Eigenverleger) nicht einmal die Disziplin (Laufen, Springen, Speerwerfen etc.) kennt, in der er zu diesem Wettkampf antreten will? Was würde uns ein Sportler sagen, wenn wir ihm vor Beginn einer Laufdisziplin nicht mitteilen würden, ob es um einen 100m- oder vielleicht um einen 5.000m-Lauf geht?

*Zukunftsgerichtet, kundenorientiert und potenzialorientiert:* eine intensive Beschäftigung mit beiden zuvor genannten Kernfragen bedeutet proaktives statt reaktives Denken und Handeln. Wenn bereits in der Fahrschule starkes Gewicht auf möglichst vorausschauendes Fahren gelegt wird, so sollte man diesem Grundsatz auch oder gerade für die Planung als Eigenverleger folgen, d.h.:
zukunftsgerichtet vorausdenken, sich bereits vorher auf ein möglichst breites Spektrum denkbarer Situationen einrichten (vielleicht hätte eine Befolgung dieses einfachen Gedankens dazu beitragen können, eine Finanzkrise zu erkennen und möglicherweise zu vermeiden, wie wir sie er- und durchleben müssen),
potentialorientiert denken, d.h. nicht nur bei dem verharren was heute ist, sondern auch das denken (vielleicht sogar träumen) was morgen sein könnte und möglich wäre.

## Portfolio und Wirkungsnetze ergänzen

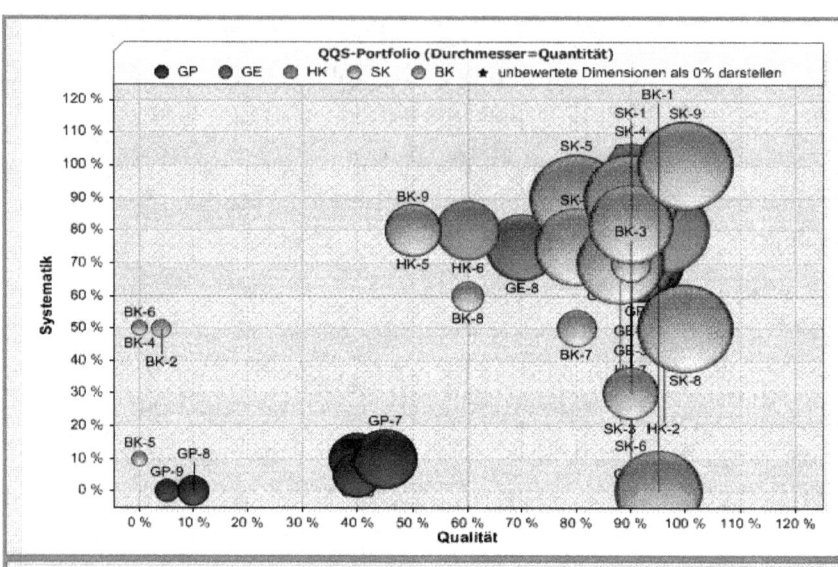

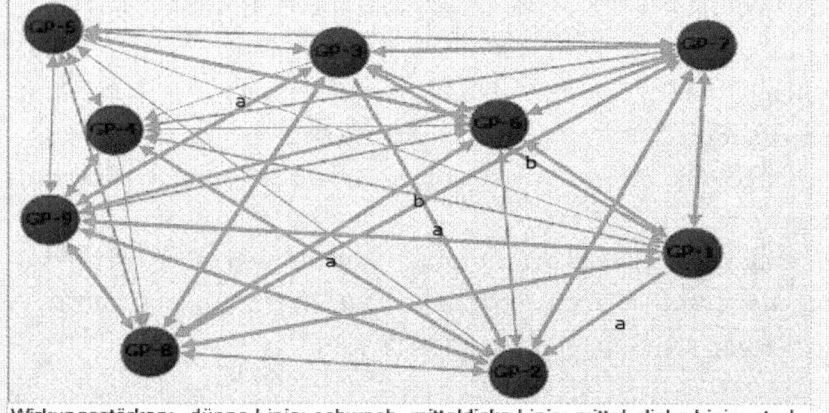

*Proaktiv denken und handeln*: für einen Eigenverleger gibt es eine Reihe gewichtiger Gründe für eine so ausführliche Beschäftigung mit einer möglichst vollständigen Liste von personenbezogenen Einflussfaktoren, deren detaillierter Beschreibung und Gewichtung. Einer dieser Gründe ist darin zu sehen, dass sich heutzutage niemand mehr sicher sein kann, seine einmal erreichte Position auch für alle Zukunft weiter zu behalten. Jeder Eigenverleger steht im stetig härter und komplexer werdenden Wettbewerb und sieht sich mit Entwicklungen konfrontiert, deren Auswirkungen er vor nicht allzu ferner Zeit so noch kaum kannte. Hierauf nur zu reagieren und sich dabei das Heft des Handelns allmählich aus der Hand nehmen zu lassen, dürfte für die Zukunft kein Erfolgsmodell sein. Es gilt, vielmehr selbst proaktiv zu denken. Dafür unabdingbar ist jedoch, dass man die eigene Wettbewerbs- und Marktposition genauestens kennt und die Klaviatur der diese bestimmenden Faktoren, die als Stellhebel dienen können und gewissermaßen als Saiten zum Klingen gebracht werden müssen, beherrschen lernt.

*In jedem Fall: Erkenntnisgewinne:* Wenn also Eigenverlegerfaktoren mit dem Anspruch auf Vollständigkeit identifiziert und mit höchstmöglichem Informationsgehalt präsent gemacht werden sollen, so geschieht dies nicht allein zum Zweck eigener Erkenntnisgewinne. Ein noch wichtigerer Sinn und Zweck liegt darin, sich möglichst gut gerüstet in die Arena der Vergleichbarkeit zu begeben. Um im harten Wettbewerb des Buchmarktes zu bestehen, sollte man das Mögliche vorbereiten und unternehmen, um überhaupt als Eigenverleger wahrgenommen zu werden und auf dem „Radarschirm" zu erscheinen. Bei der Bewerbung ist es ähnlich wie bei dem schon zuvor bemühten Bild des Skispringers: oft sind es nur Kleinigkeiten, die über Sieg oder Niederlage entscheiden, ob ein Eigenverleger auf dem Podest (= Gewinn) oder nur im geschlagenen Mittelfeld (=Verlust) landet.

*Das System muss stimmen:* wie die Sportler hierbei immer betonen: das System muss stimmen! Übertragen auf den Eigenverleger heißt dies:
eine gute Vorbereitung erhöht die Erfolgschancen,
eine durchdachte, in sich stimmige Systematik der Eigenverlegerfaktoren bildet eine solide Grundlage, um sich im Buchmarktmarkt gut zu positionieren.
Damit aber davon ausgehen zu wollen, dass nunmehr alles getan und das Ende jeglicher Bemühungen erreicht sei, wäre zu kurz gedacht. Denn bis jetzt wären lediglich einige, wenn auch wichtige, Grundlagen geschaffen, nicht mehr und nicht weniger. Darauf aufbauen könnten weitere Module wie beispielsweise

Eigenverleger mit Wissensbilanz (Wissen als Kapital begreifen und anbieten, sich eigene Wissensfaktoren bewusst machen, für Wissensfaktoren einen persönlichen Stellenwert herausfinden und gewichten, mehrdimensionale Bewertung von Wissen, graphische Aufbereitung von Wissenskapital).

Eigenverleger mit Strategie (Stärken-, Schwächenanalyse, persönliches Potenzial-Portfolio, Potenzialfaktoren zu einem Wirkungsnetz verknüpfen, mit GAP-Analysen Lücken schließen)

Es geht um eine (auch graphische) Aufbereitung des persönlichen Wissenskapitals. Dabei könnten sich selbst erklärende Ampel-Darstellungen entwickelt werden, mit deren Hilfe bereits auf einen ersten Blick klar gemacht werden könnte, welche der individuellen Eigenverlegerfaktoren beispielsweise im roten, gelben oder hoffentlich grünen Bereich liegen. Es geht um die Entwicklung von gezielten Strategien. Hierfür könnten beispielsweise persönliche Potenzial-Portfolios und graphische Wirkungsnetze entwickelt werden mit deren Hilfe konkrete Handlungsempfehlungen generiert werden könnten.

*Konzept als Dauerläufer umsetzen:* in der heutigen Wirtschaftswelt werden auch Eigenverleger einem permanenten Lern- und Erfahrungsprozess unterworfen sein, den letztlich nur jene erfolgreich gestalten werden, die aktive Maßnahmen und Strategien für sich zu nutzen wissen.

*Eigenverlegerfaktoren-Ampel nach Quantität-Qualität-Systematik*

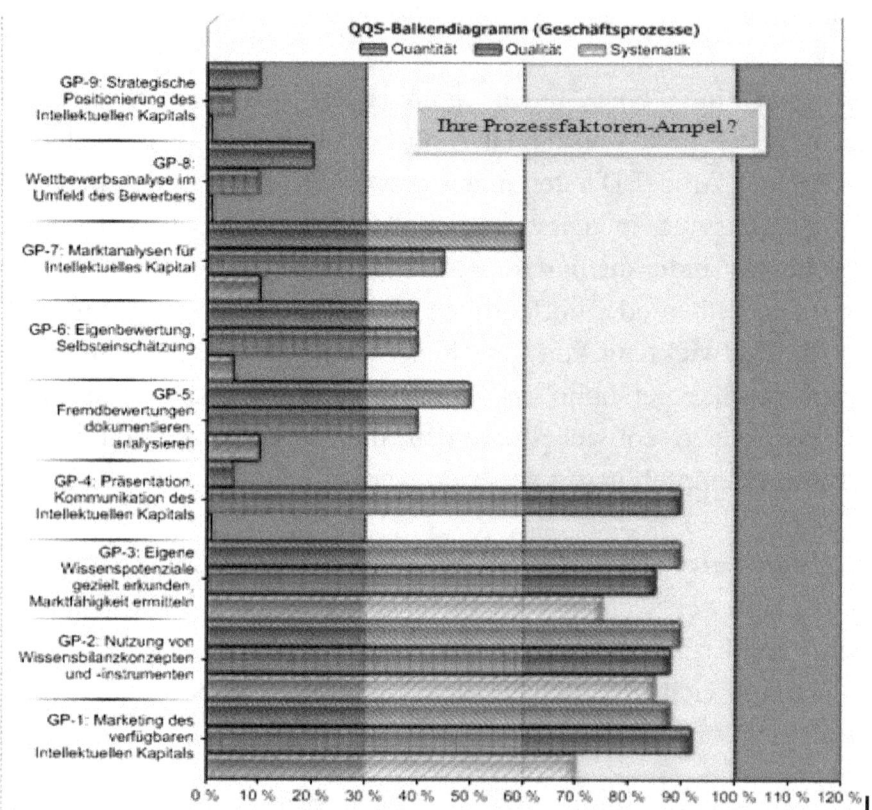

## Wie funktionieren Portfoliotechniken

Es geht um die grafische Darstellung von Objekten in einem Spannungsfeld zwischen den Ausprägungen von mindestens zwei Kriterienbündeln (=Achsen eines Koordinatensystems). Die Methode ist geeignet, komplexe Zusammenhänge in einfachen Schaubildern abzubilden. Was jeweils in eine bestimmte Anwendung hineingepackt werden soll, bleibt jedem selbst überlassen. D.h. die Portfoliotechnik ist grundsätzlich keine Analysemethode sondern ein Verfahren zur Darstellung bestimmter Zustände. Als Dimensionen stehen u.a. zu Verfügung: die x-Achse bzw. eine Position auf der x-Achse je Objekt, die y-Achse bzw. eine Position auf der y-Achse je Objekt, ein Kreis je Objekt mit einem bestimmten Radius, ein in diesen Objektkreis eingezeichneter Sektor mit einem bestimmten Winkel. Die Benennung der Achsen, Objekte, des Kreisradius und des einzeichneten Sektors richtet sich danach, welche Fragestellung mit der Portfoliomatrix beantwortet werden soll.

Die Positionen auf den Koordinatenachsen, die dargestellte Größe der Objekte (Kreisradius) und die Größe der Sektorwinkel erlauben (je nach eingesetzten Messgrößen) qualitative Aussagen über bestimmte Objektmerkmals (in einer sehr verdichteten Gesamtschau). Die Portfoliodarstellung ist eine diskussions- und entscheidungsorientierte Darstellung, mit deren Unterstützung Kommunikations- und Abstimmungsprozesse in Gang gesetzt und zielführend durchgeführt werden können. Ein weiterer Vorteil: die Portfoliotechnik gestattet auch das Einbeziehen „weicher" Kriterien, die sich ansonsten zu leicht einer rational unterlegten Bewertung entziehen könnten. Obwohl die Portfoliomatrix eigentlich nur ein Zustandsbild aufzeigt, ist die Entwicklung von Portfolios selbst sehr dynamisch und handlungs-/entscheidungsorientiert. Aufwandstreiber im Prozess der Portfolioerstellung ist vor allem die Menge der Objekte: ein einziges zusätzliches Kriterium erfordert eine Reihe zusätzlicher Einstufungsvorgänge. Daher ist es wichtig, sich auf die wirklich wichtigen Objekte und Kriterien zu beschränken (aber diese dafür auch sehr genau zu bearbeiten. Aus mathematisch, statistischen Gründen tendieren Portfoliopositionen umso stärker zur Mittellage, je mehr Kriterien zur Beschreibung der Position eines Objektes in der Portfoliomatrix verwendet werden.

*Eigenverlegerprozessfaktoren Quantität-Portfolio*

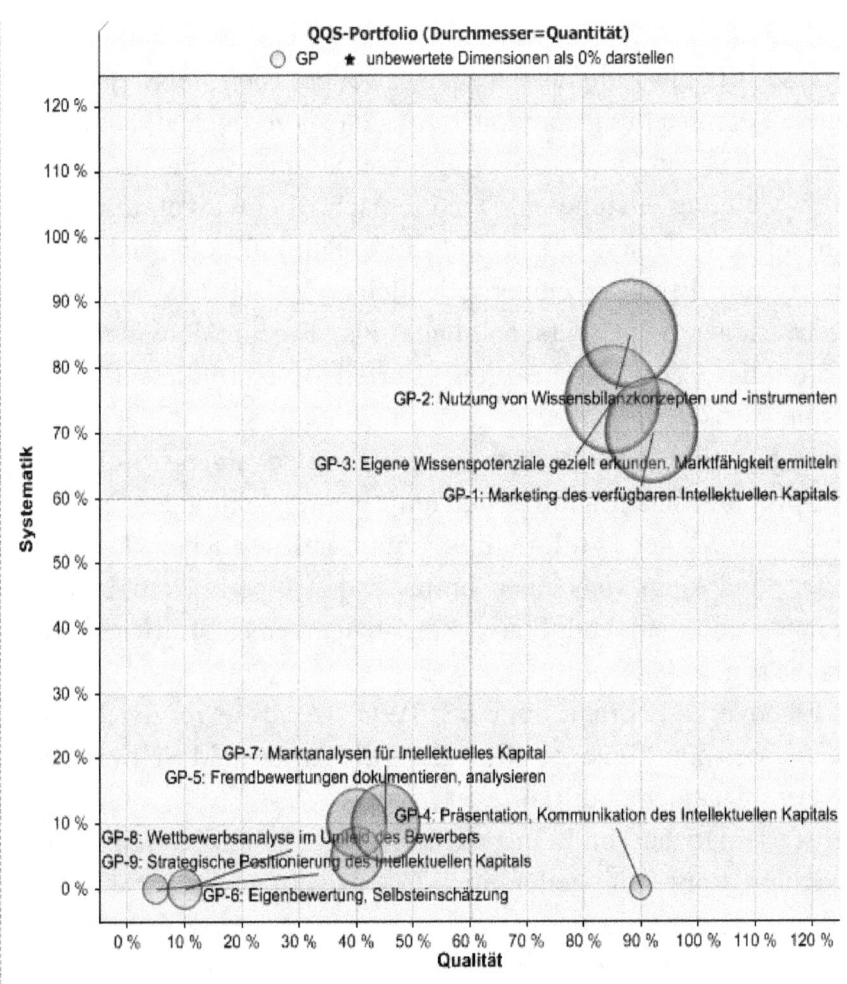

*Einholung einer unabhängigen Zweit-Meinung:* falls sich ein Eigenverleger dafür entscheidet, die mehr oder weniger standardmäßige Zusammenstellung von ansonsten üblichen Analysen um ein weiteres Paket zu erweitern (beispielsweise um weitere Alleinstellungsmerkmale für sich zu verbuchen) sollte er vorab versuchen, hierzu eine weitere möglichst unabhängige Zweit-Meinung einzuholen. Denn je nach Blickwinkel, mit dem man auf eine Person schaut und diese beurteilt, kann auch die Bilanz im Ergebnis unterschiedlich ausfallen. Wenn ein Eigenverleger eine Personalbilanz als Eigenbild entwickelt würde dies eine Reihe von Vorteilen ermöglichen, wie beispielsweise:
der Eigenverleger wird dazu angeregt, seine eigene Situation und Ausgangslage gründlich und umfassend zu durchdenken,
der Eigenverleger wird indirekt zum ganzheitlichen Denken geführt und kann sich einen umfassenden Überblick über Ist-Zustand und ausschöpfbare Potentiale seiner Entwicklung verschaffen.
der Eigenverleger erhält mit einer SWOT-Analyse vergleichbare Ergebnisse, d.h. konkrete Hinweise zu Stärken und Schwächen sowie zu Chancen und Risiken.
die systematisch und methodisch durchgängige Selbsteinschätzung von Fähigkeiten und Eigenschaften erleichtert die Feststellung des eigenen Marktwertes.
aufgrund detaillierter Eigenbildanalyse kann der Eigenverleger seine Möglichkeiten realistischer kalkulieren (und geht beispielsweise besser vorbereitet in Kreditgespräche),

der Eigenverleger kann sich glaubwürdiger vermarkten, da seine Publikationen mit einer detailliert ausgearbeiteten und nachvollziehbar begründeten Personalbilanz unterfüttert werden, der Eigenverleger gewinnt an Akzeptanz, wenn er auch für seine eigene Person unternehmerisches Denken und Vorgehen unter Beweis stellen kann.

*Erfolgsfaktoren-Ampel nach Quantität-Qualität-Systematik*

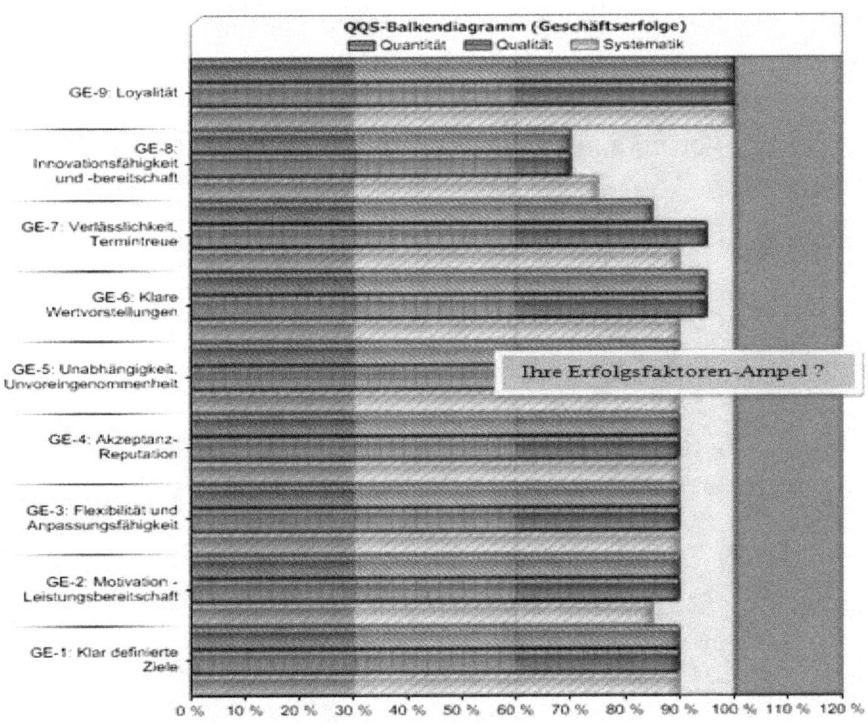

Zusätzliche Erkenntnisse lassen sich dadurch gewinnen, dass über die aus einer Innensicht erstellten Bewertungskurven zusätzlich über aus einer Außensicht erstellte Bewertungskurven gelegt werden. Voraussetzung für einen derartigen Kurvenvergleich ist die Verwendung des gleichen Bilanzierungs-Schemas, d.h. der gleichen Bewertungsfaktoren und Bewertungsgliederungen. Besonders auffällige Abweichungen und Lücken in den Kurvenverläufen sollten eingehender auf ihre Ursachen hin analysiert und interpretiert werden. Beispielsweise sollte bei großen Abweichungen geklärt werden, welche Wertigkeit und welches Gewicht dem entsprechenden Faktor zugemessen werden soll oder welche Möglichkeiten zur Schließung von erkannten Lücken bestehen.

## Eigen- und Fremdbild der Erfolgsfaktoren

| Dimension | Bezeichnung | Eigenbild | Fremdbild |
|---|---|---|---|
| Quantität | Klar definierte Ziele | 90% | 60% |
| Qualität | Klar definierte Ziele | 90% | 90% |
| Systematik | Klar definierte Ziele | 90% | 80% |
| Quantität | Motivation, Leistungsbereitschaft | 90% | 95% |
| Qualität | Motivation, Leistungsbereitschaft | 90% | 95% |
| Systematik | Motivation, Leistungsbereitschaft | 85% | 95% |
| Quantität | Flexibilität, Anpassungsfähigkeit | 90% | 70% |
| Qualität | Flexibilität, Anpassungsfähigkeit | 90% | 70% |
| Systematik | Flexibilität, Anpassungsfähigkeit | 90% | 70% |

## Eigenverleger als Inhaltelieferant

Beispielsweise schreiben auf Linkedin sogenannte „Influencer" (Meinungsführer) über Karriere und andere Themen. Dies sind Stoffe, die auch als Gastbeiträge in Zeitungen oder Magazinen erscheinen könnten. Die Strategie dahinter: Firmen wie Linkedin oder Xing wollen sich mit Inhalten für ihr Publikum interessanter machen, die Mitglieder länger auf der Plattform halten. „Es ist ein Phänomen, das weit über Karrierenetzwerke hinausgeht."

Technologiefirmen wagen sich nicht nur in das Revier von Automobilherstellern, sondern auch in andere Branchen, wie beispielsweise Medienunternehmen. Ihnen reicht es nicht mehr, eine reine Plattform oder ein Vehikel für fremde Inhalte zu sein. Sie wollen eigene und exklusive Inhalte liefern, die Substanz haben. Es geht darum, „Kunden und Nutzer an sich zu binden, idem ihnen etwas geboten wird, das es sonst nirgendwo gibt (Inhalte als Monopol).

Inhaltelieferanten müssen in diesem Umfeld bei Laune gehalten werden, um zu verhindern, dass sie zur Konkurrenz abwandern. Viele Medienhäuser haben naturgemäß Vorbehalte, weil sie befürchten, den Bezug zu den eigenen Lesern zu verlieren. Für Eigenverleger könnte sich hier eine Marktlücke auftun. Sie müssen eine Konkurrenz durch Netzwerke eher weniger befürchten. Von Plattformen aufgelegte Autorenprogramme könnten eine Chance sein, für eine große Leserschaft ausführliche Artikel zu publizieren. In jedem Fall ist dies ein weiteres Beispiel dafür, wie die Grenzen zwischen Technologie- und Medienbranche verschwimmen.

*Eigen- und Fremdbild der Strukturfaktoren*

| Dimension | Bezeichnung | Eigenbild | Fremdbild |
|---|---|---|---|
| Quantität | Controlling-Tools | 88% | 35% |
| Qualität | Controlling-Tools | 90% | 60% |
| Systematik | Controlling-Tools | 82% | 45% |
| Quantität | Arbeitshilfen-Tools | 85% | 25% |
| Qualität | Arbeitshilfen-Tools | 80% | 35% |
| Systematik | Arbeitshilfen-Tools | 75% | 90% |
| Quantität | Wissensbilanz-Tools | 90% | 50% |
| Qualität | Wissensbilanz-Tools | 88% | 30% |
| Systematik | Wissensbilanz-Tools | 70% | 10% |

*Angebotsseite Intellektuelles Kapital*: gutes und qualitativ hochwertiges Intellektuelles Kapital ist ein knappes Gut und wird sich in Zukunft möglicherweise noch weiter verknappen. Die systematische Bewertung und Bilanzierung von Intellektuellem Kapital schlägt eine Brücke zwischen Angebot und Nachfrage: Eigenverleger dürfen nicht die Entwicklungen bei der Verwendung von Intellektuellem Kapital versäumen. Vielmehr müssen sie alles daran setzen, um ihre Ressourcen Talent, Wissen und Erfahrungen auch in ihrem Arbeitsumfeld von morgen zu etablieren. Bei Eigenverlegern geht es um Menschen, die informiert und flexibel ein müssen. Um Menschen, die über das nachdenken, was sie tun und bereit sind, Initiativen zu ergreifen. Um Menschen, die bereit sind, zu lernen und offen für innovative Veränderungen sind. Um Menschen, die fähig sind, sich auf einer "Just-in-time"-Basis neues Wissen und neue Fertigkeiten anzueignen. Um Menschen, die bereit sind Verantwortung für das Erreichen von Zielen akzeptieren. Um Menschen, die Probleme des Buchmarktes als ihre eigenen betrachten.

*Eigen- und Fremdbild der Beziehungsfaktoren*

| Dimension | Bezeichnung | Eigenbild | Fremdbild |
|---|---|---|---|
| Quantität | Publikationen | 90% | 100% |
| Qualität | Publikationen | 95% | 100% |
| Systematik | Publikationen | 0% | 50% |
| Quantität | Zielgruppenkontakte | 5% | 0% |
| Qualität | Zielgruppenkontakte | 4% | 0% |
| Systematik | Zielgruppenkontakte | 50% | 10% |
| Quantität | Kontakte zu Kompetenznetzwerken | 50% | 40% |
| Qualität | Kontakte zu Kompetenznetzwerken | 90% | 30% |
| Systematik | Kontakte zu Kompetenznetzwerken | 30% | 10% |

*Träger von Fähigkeiten und Besitzer von Erfahrungen:* die kleinste Einheit des Wissensmanagements ist das Individuum als Träger von Fähigkeiten und Besitzer von Erfahrungen. Wertschöpfung: menschliche Arbeit wird zunehmend als Quelle für betriebliche Wertschöpfung erkannt, sie ist jedoch nicht von den Personen, die sie leisten, zu trennen. Wertvorstellungen: Menschen sind keine passiven Gestaltungsobjekte, sondern Träger von Zielen, Bedürfnissen, Wertvorstellungen und der Möglichkeit des (re-)aktiven Handelns.

*Nachfrageseite Intellektuelles Kapital:* Wissen ist das wertvollste Kapital. Rohmaterialien, Produktions-, Geschäfts- und Vermarktungsprozesse sind auch für andere notfalls schnell verfügbar. Was im Gegensatz hierzu nicht schnell verfügbar gemacht werden kann, sind Wissen, Fähigkeiten, Qualifikationen, Erfahrungen, Motivation u.a. von Personen. Eine Hauptaufgabe der Wissensbilanz besteht deshalb darin, dazu beizutragen, den Einfluss des Intellektuellen Kapitals auf das Betriebsergebnis als Hebelkraft zu nutzen.

Wissen manifestiert sich sowohl in Kommunikationsnetzwerken als auch im Verbund mit externen Kooperationspartnern. Ein umfassendes Wissensmanagement ist somit entscheidend für zukünftige Markterfolge. Gegenüber dem Management klassischer Produktionsfaktoren hat das Management des Wissens seine Zukunft noch vor sich. Wissen ist die einzige Ressource, die sich durch Gebrauch vermehren lässt. Fragen:
wie können Eigenverleger mit der Dynamik des sie umgebenden Umfeldes mithalten? aus welchen individuellen und kollektiven Wissensbeständen setzt sich die Wissensbasis zusammen, auf die ein Eigenverleger zur Erreichung seiner Ziele zurückgreifen kann?

besitzt er die notwendigen Fähigkeiten, um das vorhandene Informationsangebot produktiv nutzen zu können?

## Im Horizont des Zeittrichters mögliche Unsicherheiten ins Kalkül ziehen

Das Prinzip der Risikostreuung ist so alt wie Wirtschaften selbst: schon vor hunderten von Jahren schlossen sich Händler und Kaufleute zusammen und gründeten Handelsflotten, um sich vor dem Verlust eines einzigen Schiffes (der sie in den Ruin treiben konnte) zu schützen. Ihre Handelsflotten dagegen konnten den gelegentlichen Verlust eines einzelnen Schiffes ohne tragische Folgen verkraften. Das Prinzip der Risikostreuung ist ebenso wichtig, wie es oft außer acht gelassen wird. Bessere Beherrschung von Risikostreuung könnte vielen Menschen helfen, (zwar nie auszuschließende) Risiken auf ihr Leben geringer zu halten. „Werden zahlreiche Risiken zu transparenten Preisen gehandelt, wird es dem einzelnen sogar möglich sein, den Grad, zu dem er einem Risiko ausgesetzt ist – seine Risikoposition- zu optimieren. Anders ausgedrückt, er kann genau jene Investitionen (oder Handlungsweisen) wählen, die bei vergleichbarem Risikoniveau aller Wahrscheinlichkeit nach den höchsten Ertrag erzielen".

Das Risiko zu definieren und zu managen macht man deshalb, weil die meisten von uns sich Gedanken darüber machen, was die Zukunft bringen mag. In jedem Fall wohl eine ganze Bandbreite von möglichen Ereignissen. Nicht alle werden angenehm, manche werden vielleicht schmerzhaft sein. Die Möglichkeiten scherzhafter Ereignisse stiften den Anreiz, wenigsten ihr Ausmaß zu begrenzen. Für Anleger/Investoren u.a. heißt dies, relative oder völlige Verluste nach Möglichkeiten zu vermeiden. Wer über Risiken nachdenkt, versucht also schon per definitionem, in die Zukunft zu schauen. Die Extrapolation der Vergangenheit und Erfahrungen in die Zukunft ist hierfür nicht immer (manchmal überhaupt nicht) ausreichend. Zeithorizont: Über welchen Zeitraum hinweg ist man einem besonderen Risiko ausgesetzt? Szenarien: Welche Ereignisse sind in der Zukunft möglich, und wie können sie den Wert von Investitionen, Anlagen u.a. beeinflussen? Risikomaß: Welche Instrumente sind geeignet, um das Ausmaß von Risiken zu erfassen (messen)?

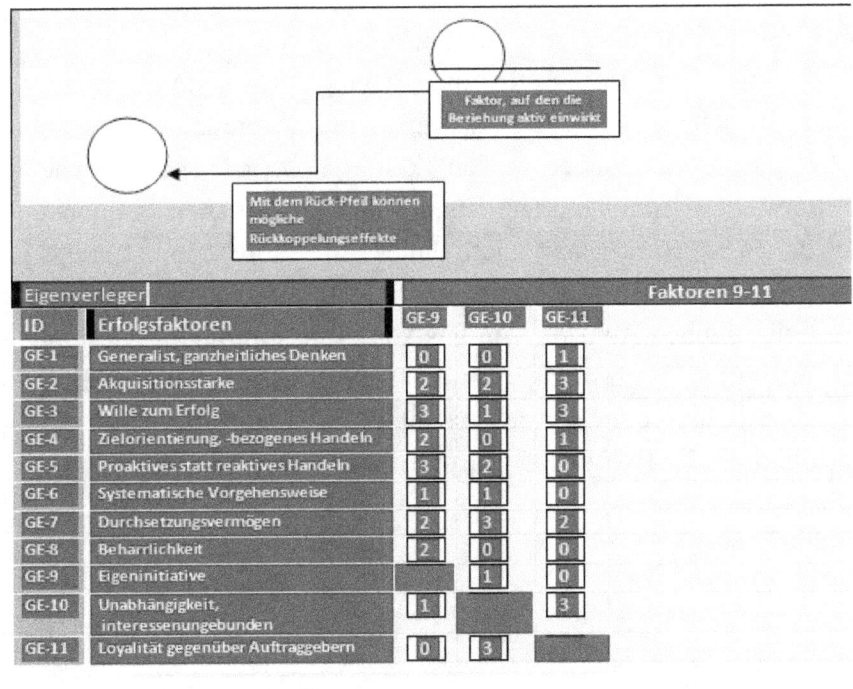

Schon der Einflussfaktor „Zeithorizont" macht deutlich, dass der gleiche Sachverhalt, z.B. Verluste einer Aktienanlage, für den einen völlig anders als für einen anderen zu bewerten ist. Jemand, der vor der Pension steht wird über die Möglichkeit, mit seinen Aktien Geld zu verlieren, ganz anders denken als ein Berufsanfänger. Der Grund: ein unterschiedlicher Zeithorizont. Wer in Rente geht, kann sich kaum noch auf eine extrem riskante Anlagenentscheidung einlassen (selbst dann nicht, wenn sie innerhalb kurzer Zeit einen größeren Gewinn zu versprechen scheint). Der potenzielle Gewinn würde nämlich kaum das Risiko aufwiegen, Geld zu verlieren, dass jetzt für die Sicherung des Ruhestandes benötigt wird. Wer dagegen erst am Beginn seines Berufslebens steht, könnte durchaus in Erwägung ziehen, dass ein kurzfristig möglicher Verlust durch einen potenziell sehr viel höheren Ertrag in den kommenden Jahren mehr als wettgemacht werden kann. D.h. der persönliche Zeithorizont hängt immer von den persönlichen Lebensumständen ab (und kann sich daher im Laufe eines Lebens mehrfach ändern). Zeithorizonte sind eine Hilfe um die unterschiedlichen Aspekte von Risiken zu bestimmen. Legt man sich auf einen Zeithorizont fest, trifft man damit auch implizit eine Wahl über den Zeitraum (Zeittrichter), für den man die Unsicherheit der Ereignisse analysieren möchte.

## Mietebezahler – Türöffner – Zeitstehler

*Der Medienmarkt ist turbulent*: eine klare Positionierung ist das A und O. Arbeitet ein Self-Publisher auch noch als Freier, so nimmt er mit seiner Entscheidung für einen bestimmten Auftraggeber bereits Vieles vorweg: nicht jeder Kunde ist ein guter Kunde. Zum einen gibt es die „Mietebezahler", die das berufliche Standbein sind. Oder die „Türöffner", die vielleicht weniger einbringen, aber Reputationskunden locken. In acht nehmen sollte sich der Autor vor dem Typus „Zeitstehler". D.h. Kunden, die einfach nur viel Zeit kosten, finanzielle aber wenig (oder nichts) einbringen.

Beim Deutschen Journalistenverband rät man: „einfach nur fürs Lokalblättchen losschreiben und zu hoffen, dass dies den Lebensunterhalt auf ewig finanzieren kann, bringt nichts". Wichtig ist vor allem eine durchdachte Strategieplanung und sich dabei zu fragen: bin ich mit dem derzeitigen Stand zufrieden? wie zufrieden sind meine Kunden? welche Kunden möchte ich haben? Ein anderer Ratschlag: auch Stellenausschreibungen der Bundesagentur analysieren (auch als Freier) und gegebenenfalls nachvollziehbar vermitteln, dass die Arbeit auch extern von einem Freiberufler genauso günstig erledigt werden könnte.

Weitere Tipps für die Akquisition: öffentliche Ausschreibungen, Text-/Bild-Lösungen für mobile Geräte, Ghostwriting oder Krisenkommunikation. Ein Hinweis darauf: der Markt für Freie ist größer als man denkt. Wichtig ist die Verdeutlichung einer Unique Selling Position (USP). das Alleinstellungsmerkmal mit dem man sich von anderen unterscheidet.

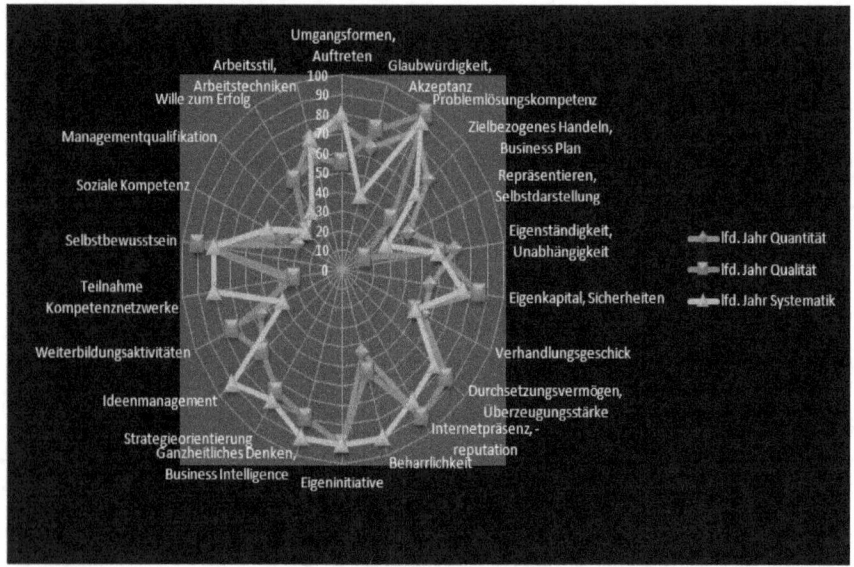

*Mit dem strategischem Gut „Wissen" verantwortungsvoll umgehen*: Erfahrungen zum Wissensmanagement zeigen, dass der Erfolg zu 80 Prozent von den sogenannten „soft factors", d.h. den gelebten Werten und Normen des Eigenverlegers abhängig ist und nur zu etwa 20 Prozent von den genutzten Informations- und Kommunikationstechniken. Im Vergleich zu gut strukturierten Daten werden Wissen und Erfahrungen in der Regel nicht explizit dargestellt. Genau diese Informationen sind aber für das Wissensmanagement von Bedeutung. Schwach strukturierte Prozesse, deren Ablauf nicht genau vorhersehbar ist, werden meist nur einmal in der gleichen Form durchgeführt. Gerade hierfür spielt die Erzeugung und Nutzung von Wissen die entscheidende Rolle.

Beim Wissensmanagement geht es konkret nicht nur darum, die auf separaten Datenbanken und auf anderen Medien vorliegenden Informationen zusammenzuführen. Ebenso wichtig ist es, die bisher nur im Kopf gespeicherten Informationen für neue Publikationen verwertbar zu machen. Zu unterscheiden ist zwischen explizitem Wissen, das sich anhand von Regeln abbilden lässt und implizitem Wissen, das sich aus Problemlösungskompetenz und Erfahrungsschatz des Eigenverlegers zusammensetzt. D.h. zunächst sollte das Wissen in einer Wissens-Landkarte zusammengefasst werden. Diese verzeichnet Wissensquellen und Wissenssenken: wo besteht Bedarf für welche Informationen.

Bezüglich Erfahrungswissen bei der Projektarbeit ist es wichtig, dass für den notwendigen Wissenstransfer das eigene Erfahrungsprofil dokumentiert und gepflegt wird. Für neue Projekte wäre dies eigentlich unabdingbar. Oft ist es weiter hilfreich, Unterlagen vergangener Projekte zu durchforsten. Eine erfahrungssichernde Projektdokumentation erfordert zwar Zeit. Aber nur wer schnell und einfach auf Vorhandenes zurückgreifen kann, gewinnt Freiräume für kreative neue Lösungswege. Eine Hauptaufgabe wird deshalb in Zukunft sein, Wissen zu erzeugen, zu dokumentieren, auszutauschen und anzuwenden. Dabei sind Daten eine Möglichkeit, Sachverhalte abzubilden, Informationen wiederum sind eine sinnvolle Anordnung von Daten. Daten sind zur Massenware mit abnehmendem Grenznutzen geworden. Somit muss Information nicht immer bereits schon Wissen sein: Wissen ist vielmehr erst die Anwendung und der produktive Gebrauch von Informationen.

**Printbook-Eckdaten**

Jährliche Titelproduktion pro Million Einwohner:
Großbritannien 2875
Spanien 1626
Deutschland 1156
Vereinigte Staaten 959
Russland 699

So viele Bücher haben die Deutschen:
weniger als 50 Bücher haben 57 %
50 – 100 Bücher haben 23 %
100 – 250 Bücher haben 12 %
mehr als 250 Bücher haben 6 %

Die größte Bibliothek der Welt: British Library, London: 170 Mio Titel
Kindle E Book-Store: 3,3 Mio Titel

Im Jahr gibt jeder Deutsche:
116 Euro für Bücher und Zeitschriften aus,
122 Euro für Kosmetik und Körperpflege

Die erfolgsreichste Romanserie der Welt ist
Harry Potter mit 450 Mio verkauften Exemplaren,
die erste Auflage betrug nur ganze 500 Exemplare.

Wer verdient am Buch?

Beispiel: VK-Preis 14,90 Euro verteilen sich auf:
8,36 Euro Buchhandel, Vertrieb
1,98 Euro Druck, Produktion
1,59 Euro Verlag
1,25 Euro Autorenhonorar
0,97 Euro Mehrwertsteuer
0,31 Euro Gestaltung, Satz
0,24 Euro Lektorat
0,20 Euro Werbung

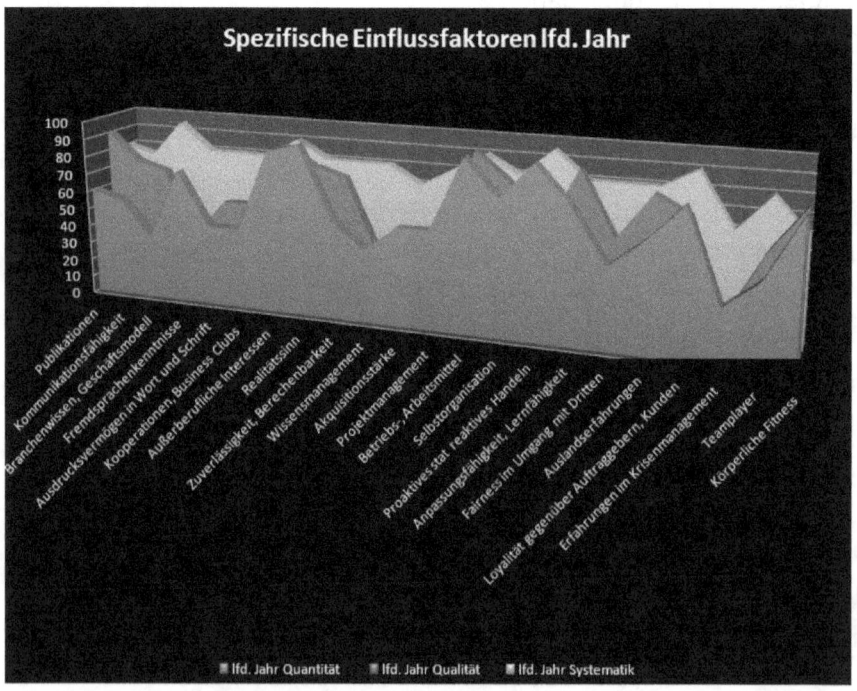

*Wissensmanagement-Grundsatzfragen:*

welches Wissen ist heute und welches morgen entscheidend für Geschäftserfolge? worin liegen Sinn und Notwendigkeit von Wissenszielen?
welches sind die besonderen Herausforderungen bei der Definition von Wissenszielen?
ist bekannt, wo und wie stark die Hebelfähigkeiten des vorhandenen Wissens angesetzt werden können?
werden die allgemeinen Ziele in strategische und operative Wissensziele übersetzt?
wird überprüft, inwieweit Wissensziele erreicht wurden?
sind die relevanten Einflussfaktoren zur Entwicklung des Intellektuellen Kapitals identifiziert?

Die Weiterentwicklung und Pflege der identifizierten Wissensbasis sollte bewusst in den Mittelpunkt zukünftiger Planungsaktivitäten gestellt werden. D.h. ein effizientes Wissensmanagement gilt als Quelle für Wachstum und Gewinn, in der Vision des Eigenverlegers sollte zusätzlich auch die Wissenskomponente als zentrales Element der Wertschöpfung des Geschäftserfolges aufgenommen werden.

*Schlussfolgerungen ziehen und umsetzen*: die beste Personalbilanz ist nutzlos, wenn daraus nicht entsprechende Schlussfolgerungen gezogen und in ein Paket von geeigneten Maßnahmen umgesetzt werden. Auf Basis der aus der Personalbilanz gewonnenen Ergebnisse werden Maßnahmen abgeleitet, um von der Ist-Situation zu einem möglichen Soll-Zustand zu kommen. Jede Maßnahme wird im Detail beschrieben und einer Aufwands- und Wirtschaftlichkeitskalkulation unterzogen. Dabei werden auf Basis der Gesamtsituation Prioritäten definiert und Machbarkeiten erörtert.

*Vorgehensweise*: Konzentrieren auf die zuvor identifizierten Einflussfaktoren mit dem größten Entwicklungspotenzial. Die operative Umsetzung der Maßnahmen ist nicht mehr direkter Bestandteil der Personalbilanz. Die Personalbilanz hilft, die besten Maßnahmen zu planen, auf die richtigen Faktoren auszurichten und insbesondere den Maßnahmenerfolg in nachfolgenden Bilanzierungszyklen immer wieder zu überprüfen und zu messen.

Mit Hilfe dieser Unterlagen stehen alle Informationen bereit, um im Detail nachzuvollziehen, welche Defizite bestehen, die durch die zu definierenden Maßnahmen ausgeglichen werden sollten und welche Auswirkungen diese Verbesserungen innerhalb des Intellektuellen Kapitals auf damit zusammenhängende Potentiale haben würden. Bevor konkrete Maßnahmen definiert werden, sollte geklärt werden, bei wie vielen Einflussfaktoren interveniert werden soll. Dabei sollte bewusst eingegrenzt werden, denn zu viele Interventionen auf einmal können leicht zu unkontrollierbaren Nebeneffekten führen und die Umsetzung erschweren.

| Qualitätskriterium - spezifisch/individuell - | lfd. Jahr Quantität | lfd. Jahr Qualität | lfd. Jahr Systematik |
|---|---|---|---|
| Publikationen | 60 | 90 | 80 |
| Kommunikationsfähigkeit | 55 | 75 | 75 |
| Branchenwissen, Geschäftsmodell | 35 | 70 | 95 |
| Fremdsprachenkenntnisse | 75 | 35 | 80 |
| Ausdrucksvermögen in Wort und Schrift | 45 | 55 | 80 |
| Kooperationen, Business Clubs | 45 | 55 | 80 |
| Außerberufliche Interessen | 90 | 90 | 90 |
| Realitätssinn | 95 | 80 | 80 |
| Zuverlässigkeit, Berechenbarkeit | 55 | 75 | 80 |
| Wissensmanagement | 40 | 35 | 80 |
| Akquisitionsstärke | 55 | 45 | 70 |
| Projektmanagement | 55 | 45 | 80 |
| Betriebs-, Arbeitsmittel | 95 | 95 | 90 |
| Selbstorganisation | 75 | 80 | 80 |
| Proaktives stat reaktives Handeln | 95 | 55 | 95 |
| Anpassungsfähigkeit, Lernfähigkeit | 75 | 90 | 80 |
| Fairness im Umgang mit Dritten | 45 | 55 | 80 |
| Auslandserfahrungen | 60 | 80 | 80 |
| Loyalität gegenüber Auftraggebern, Kunden | 80 | 70 | 90 |
| Erfahrungen im Krisenmanagement | 30 | 20 | 60 |
| Teamplayer | 45 | 55 | 80 |
| Körperliche Fitness | 80 | 80 | 60 |

*Eigenverleger-Weiterentwicklung mit:*
Balance zwischen Innovation und konsequenter Umschichtung von Geschäften,
Heben von Effizienzsteigerungs-Potenzialen,
Forward-Marketing,
Risikomanagement,
Offenheit und rechtzeitiges Reagieren auf neue Markttrends,

persönliche Lernbereitschaft und Lernfähigkeit,
Konfliktbereitschaft und Lösungsorientierung miteinander kombinieren,
Mut zu Kreativität und Unkonventionalität,
emotionale Intelligenz mit hohen Verhaltensbandbreiten und Aufnahmebereitschaft für Feedback,
Flexibilität mit Blick auf gesellschaftliche Trends und neue Werte.


*Wissensbilanzierung-Entwicklung mit:*
Wissensbilanz-Fitness-Check
Planung des Wissensbilanz-Projektes
Beschreibung des Geschäftsmodells
Identifizierung Intellektuelles Kapital
Bewertung nach Quantität, Qualität und Systematik (QQS)
Indikatoren und Messgrößen entwickeln
dynamische Wirkungszusammenhänge erfassen
Auswertungen nach Stärken-Schwächen-Potentialen
Maßnahmen mit dem größten Entwicklungspotential
Dokument Wissensbilanz entwickeln
Wissensmanagement umsetzen
Ideenmanagement
Wissen erwerben
Wissen schützen (undichte Informationslecks schließen)

*Zusammenfassung der Maßnahmen-Entwicklungspotenziale*:
Die Wissensbilanzierung ist auf dem Weg zu einer zahlen-

mäßigen Erfassung auch immaterieller Vermögensbestandteile inzwischen ein gutes Stück des Weges vorangekommen und hat hierfür auch praxistaugliche Instrumente, Verfahren und Software entwickelt. Diese ermöglichen nicht nur, sich in einem hochkomplexen Marktumfeld Wettbewerbsvorteile zu verschaffen, sie machen durch ihre Annäherung an die in der Wirtschaft gängige Zahlenwelt auch eine Nachvollziehbarkeit für außenstehende Dritte möglich.

## Wörter kanalisieren Gedanken

„Wörter leben nicht nur mit der Sprache – wir leben aus ihr und von ihr. Sie formt uns und wir verbrauchen sie." Wörter sind es, die unsere Gedanken kanalisieren, unsere Vorurteile züchten und unser Verhalten steuern. Die Umwelt wird erst durch die Benennung von Sachverhalten handhabbar. Wie lässt sich Sprache ökonomischer verwenden? Wie lässt sich Klarheit in Wörter gleichsam einweben, als müsse man nur munter sprechen und schreiben, um das Richtige zu treffen und von jedermann verstanden zu werden? Was sind die Kriterien einer geglückten Kommunikation? Am Anfang sollte immer Leichtverständlichkeit stehen.

Sprache ist immer ein System von Signalen, die von zwei oder mehr Lebewesen benutzt und im großen und ganzen verstanden werden. Wer den klaren Vorsatz hat, für jedermann verständlich zu sein, sollte sich darüber im Klaren sein, in welch kompliziertes Netz von unhörbaren, aber verständlichen Informationen wir eingesponnen sind.

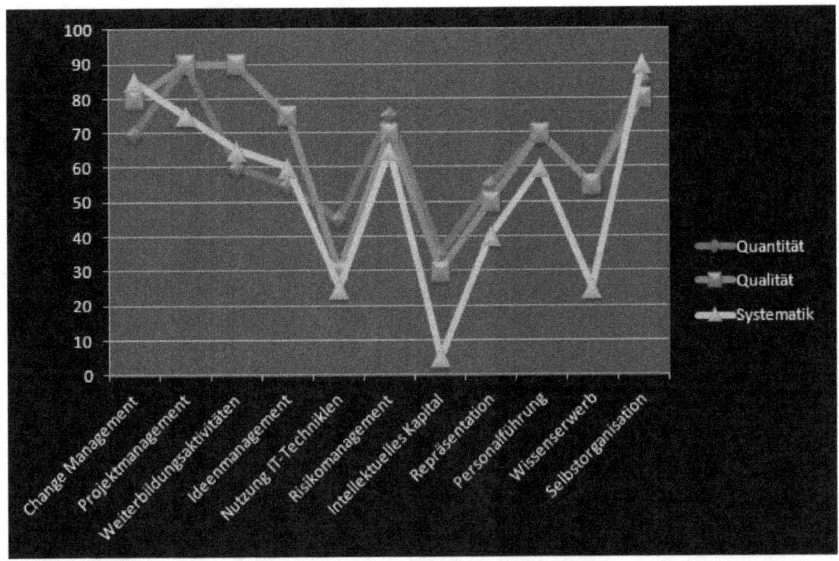

*Beleuchtung der immateriellen Seite:* das Vermögen eines Eigenverlegers lässt sich nicht nur über herkömmliche Bilanzen von seiner materiellen Seite her durchleuchten, sondern auch über das Instrument der Wissensbilanz von seiner immateriellen Seite des Intellektuellen Kapitals her. Besonders wissensbasierte Projekte werden damit erst vollständig und sicher bewertbar. Gegenüber der üblichen Bilanzierung materieller Wirtschaftsgüter hat das Instrumentarium der Wissensbilanzierung bereits einen entscheidenden Vorteil: es werden auch die zwischen einzelnen Kapitalkomponenten bestehenden Beziehungen hinsichtlich ihrer Wirkungsstärke und Wirkungsdauer sichtbar gemacht. Aus diesem ohne entsprechende Instrumente kaum durchschaubaren Beziehungsgeflecht lassen sich diejenigen Maßnahmen herausfiltern, die aufgrund ihrer hohen Hebelwirkung für die zukünftige Entwicklung des Eigenverlages das größte Potential erwarten lassen.

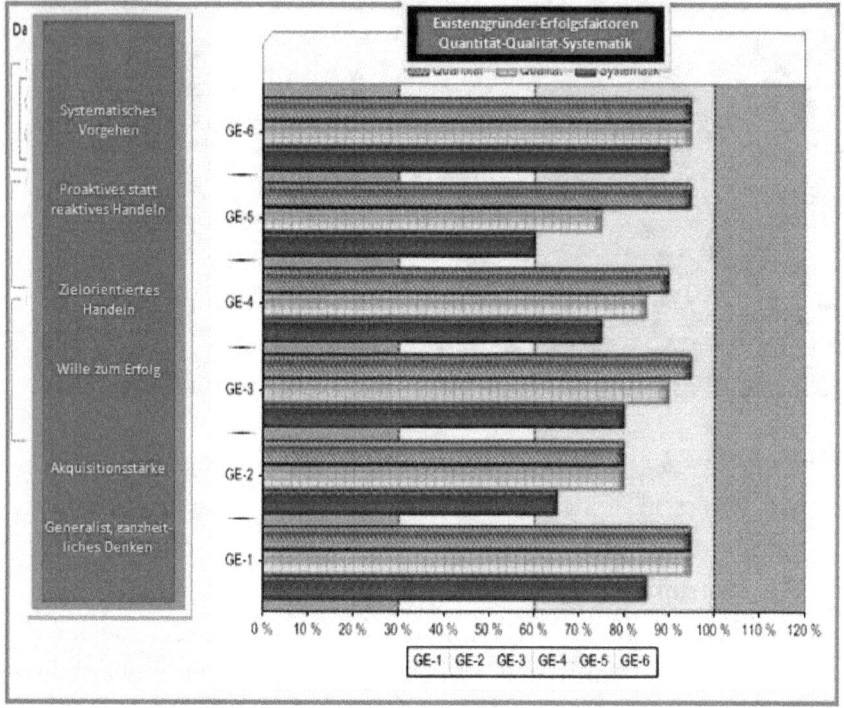

Ein Eigenverleger muss in Zukunft von sich aus mehr Freizeit für die eigene Qualifizierung investieren. Die neuen Arbeitswelten stellen auch einem Eigenverleger einen Wandel „von der Muss-Arbeit zur Lust-Arbeit" in Aussicht. Dies erfordert für ihn ein verändertes Denken und Handeln, Während im gesamten Aus- und Weiterbildungsbereich die Vermittlung von Wissen und kognitiven Fähigkeiten im Vordergrund stehen, werden bei der praktischen Umsetzung dieses erlernten Wissens auch persönliche, soziale und kommunikative Kompetenz benötigt.

## Im Dauerstress permanenter Kommunikation

Beim Burnout läuft die Kommunikation falsch. Es ist eine Fehlanpassung an neue Anforderungen. Denn das Smartphone ist immer dabei. Über das Smartphone ist man nie mehr unerreichbar, nie außer Dienst. Wie von unsichtbaren Kräften gefesselt hängt man immer unentrinnbar an ihm. Per Mail steht man quasi minütlich im Kontakt zur Arbeit. Eine solche Dauerbelastung führt leicht zu chronischem Stress.

Eine überbordende Arbeitsmenge ist ein Risikofaktor. Als Verstärker wirken: wenig Anerkennung, kaum Einfluss auf das Arbeitspensum, ein Mangel an Teamgefühl, ständige Erreichbarkeit, Versagens- und Existenzängste. Ein möglicher Ausweg: Abkoppeln vom Tagesgeschehen durch erzwungene Meditation. D.h. „alles, was den Geist ablenkt, uns die Arbeit vergessen lässt. Das kann Sport sein, Yoga, ein gutes Buch oder Musik. Jeder, der Tennis spielt, Fußball oder Klavier, weiß: Konzentriere ich mich auf den Ball oder die Noten, kann ich meine Aufmerksamkeit nicht auf etwas anderes lenken."

*Eigenverleger als Kreditnehmer:* muss, will er einen Kredit aufnehmen, alle wichtigen Angaben über seine Person und seine Vermögensverhältnisse machen, denn Banken legen heute mehr denn je Wert darauf, das Kreditausfallrisiko zu minimieren. Der zwischen Bank und Eigenverleger bestehende Verhandlungsspielraum bezieht sich vor allem auf Höhe und Kosten eines Kredites. Kreditverhandlungen können umso erfolgreicher geführt werden, je besser die Parteien über die Bonität Bescheid wissen. D.h. auch der Eigenverleger selbst sollte sich über seine eigene Bonität genauestens ins Bild setzen und alles unternehmen, um diese auch entsprechend transparent untermauern zu können.

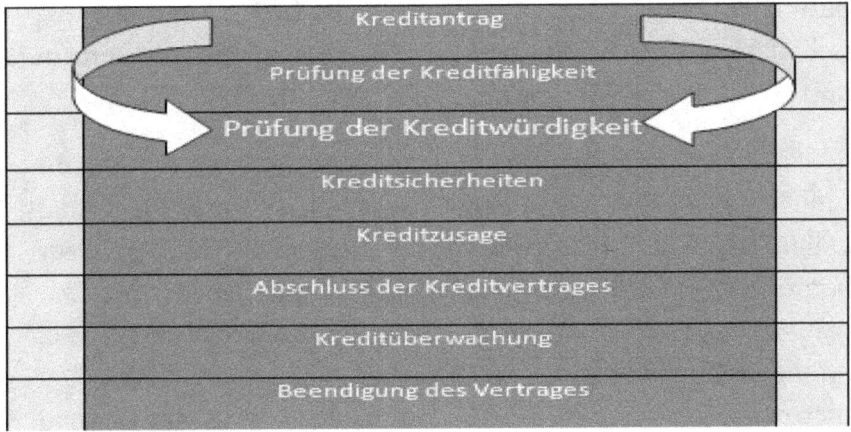

So könnte es durchaus sein, dass vor allem der subjektive Bewertungsbereich der Banken noch nicht voll ausgeschöpft wurde, dass wie beim Schürfen in einer Mine hier vielleicht noch bisher völlig unbeachtete Werte vorhanden sind. Werte, die nicht in den Einkommens- oder Sicherheitsnachweisen, sondern ausschließlich in der Person des Eigenverlegers zu finden sind. So ist es durchaus nicht vermessen anzunehmen, dass mit der stärkeren Hinwendung zu den „weichen" Faktoren des Intellektuellen Kapitals noch manche bisher negativ verlaufende Kreditverhandlungen doch noch zum Positiven gewendet werden können.

Im Mittelpunkt stehen natürliche Personen, die kreditfähig sind. Das Augenmerk richtet sich besonders auf den Personenkreis der Selbständigen und Existenzgründer. Wobei die entwickelten Instrumente und Vorgehensweise auch für andere Kreditgeschäfte wie beispielsweise im Zusammenhang mit einem Hausbau/-kauf zur Anwendung gebracht werden können.

Die wirtschaftliche Kreditwürdigkeitsprüfung befasst sich mit sachlichen Aspekten wie beispielsweise zukünftige Ertrags- und Liquiditätslage. Bei natürlichen Personen werden zur Überprüfung der Einkommensverhältnisse und der Vermögenssituation von den Banken u.a. Einkommensnachweise, Vermögensübersichten, externe Auskünfte, Grundbuchauszüge, Güterregister-auszüge oder Auskünfte über die Kontoführung verlangt. Auch vor dem Hintergrund vieler guter Unterlagen könnte die Verhandlungsposition des Eigenverlegers geschwächt oder gar zunichte gemacht werden, wenn er als Person einen negativen Eindruck hinterlässt.

Gerade bei Selbständigen und Existenzgründern steht und fällt alles mit deren Person, dass diese einen überzeugenden und kompetenten Eindruck macht. In diesem Kreditnehmer-Check sollen daher ganz persönliche Eigenschaftsfaktoren und deren Bilanzierung angesprochen werden, die neben den üblichen Standard-Formularen der Banken letztlich ausschlaggebend für den Erfolg des Kreditgeschäftes sein können. Erschwerend kommt bei vielen Existenzgründern und Selbständigen hinzu, dass sie oft an der Hürde der Kreditsicherheiten zu scheitern drohen. Denn für ihre Tätigkeiten ist der Mangel in Bezug auf die von den Banken verlangten Sicherheiten geradezu typisch.

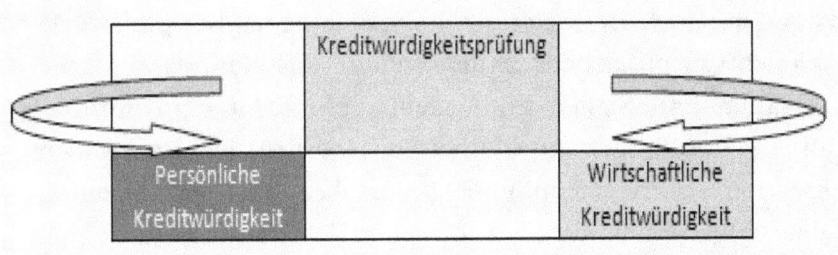

Je besser ein Eigenverleger für seine Kreditgespräche gerüstet ist umso selbstbewusster kann er verhandeln und umso sicherer auftreten, wenn er sich auch für ansonsten manchmal als unangenehm empfundene Fragen zu seiner Person gut vorbereitet weiß. Viele Kreditnehmer gehen davon aus, dass sich in einem Kreditgespräch immer ungleich starke Verhandlungspartner gegenüberstehen: der Kreditsuchende fühlt sich leicht als Bittsteller, die Bank wird immer als die Gewährende und als gefühlte Stärkere gesehen. Trotz seiner im Vergleich zur Bank verschwindend geringen Größe und seiner vermeintlich schwachen Verhandlungsposition sollte der Eigenverleger alles ihm Mögliche unternehmen, um auf gleicher Augenhöhe verhandeln zu können. Neben fundierten Geschäftsplänen und einer transparenten Wissensbilanz könnten hier vorgestellte Arbeitshilfen herbeigezogen werden.

*Prinzip 3-fach-Dimension Bewertung:* Beurteilungen von Einzelaspekten sind meist eindimensional ausgerichtet. Oft lassen sich zusätzliche Erkenntnisse damit gewinnen, dass ein Bewertungsindikator nicht immer nur mit einer Blickrichtung und unter einem einzigen Aspekt beurteilt wird. Mit einem Prinzip der 3-fach-Bewertung können sich neben beispielsweise der bloßen Quantitätsbetrachtung weitere Facetten, nämlich die der Qualität und Systematik, erschließen. Jeder der Einflussfaktoren sollte für sich einzeln beurteilt werden. Jeder einzelnen Beurteilung sollte ein möglichst ausführlicher Fragenkatalog vorangestellt werden, mit dem für jeden der Faktoren quasi eine Bewertungs-Checkliste erstellt wird. Wenn in diesem System eine solche Stufe der an jeden einzelnen Faktor zu formulierenden Fragen eingebaut wird, wird damit eine zwangsläufige Auseinandersetzung mit vielen wichtigen Sachverhalten in Gang gesetzt.

Danach werden für jeden einzelnen Einflussfaktor drei Bewertungen eingetragen: a) nach ihrer Quantität, b) nach ihrer Qualität und c) nach ihrer Systematik. Jede dieser drei Bewertungen wird ihrerseits wiederum ausführlich begründet. Wenn jeder dieser ausgewählten Faktoren einem mehrstufigen, zusätzlich graphisch darstellbaren Bewertungsprozess unterzogen wird, entsteht hieraus ein durchdachtes und anhand konkreter Bewertungsziffern nachvollziehbares Bild. Aus diesen zahlreichen Einzelbildern lässt sich ein ebenso konturscharfes wie auch genaues Gesamtbild herstellen.

| Qualitätskriterium - grundsätzlich - |
|---|
| Umgangsformen, Auftreten |
| Glaubwürdigkeit, Akzeptanz |
| Problemlösungskompetenz |
| Zielbezogenes Handeln, Business Plan |
| Repräsentieren, Selbstdarstellung |
| Eigenständigkeit, Unabhängigkeit |
| Eigenkapital, Sicherheiten |
| Verhandlungsgeschick |
| Durchsetzungsvermögen, Überzeugungsstärke |
| Internetpräsenz, -reputation |
| Beharrlichkeit |
| Eigeninitiative |
| Ganzheitliches Denken, Business Intelligence |
| Strategieorientierung |
| Ideenmanagement |
| Weiterbildungsaktivitäten |
| Teilnahme Kompetenznetzwerke |
| Selbstbewusstsein |
| Soziale Kompetenz |
| Managementqualifikation |
| Wille zum Erfolg |
| Arbeitsstil, Arbeitstechniken |

| Quantität Einzelfaktoren | ⇒ | Qualität Einzelfaktoren | ⇒ | Systematik/ Nachhaltigkeit Einzelfaktoren |
|---|---|---|---|---|
| **1. Fragen** | | **2. Bewerten** | | **3. Begründen** |
| • Fragenkatalog zur Quantität<br>• Fragenkatalog zur Qualität<br>• Fragenkatalog zur Systematik | ⇒ | • Bewertung der Quantität<br>• Bewertung der Qualität<br>• Bewertung der Systematik | ⇒ | • Begründung der Quantität-Bewertung<br>• Begründung der Qualität-Bewertung<br>• Begründung Systematik-Bewertung |
| Sind die Einzelfaktoren hinsichtlich Umfang und Ausführlichkeit angemessen ? | ⇒ | Entspricht die Ausgestaltung den qualitativen Anforderungen ? | ⇒ | Welche Perspektiven werden aufgezeigt ?<br>Werden Einzelfaktoren nachhaltig weiterentwickelt ? |

Für die Bewertung können beispielsweise %-Zahlen von 0 bis 120 % oder dementsprechende Punktzahlen von 0 bis 12 Punkten vergeben werden. Es kommt also nicht immer nur unbedingt auf die absolute Höhe dieser Werte an. Wichtig ist vielmehr, dass die Werte in der richtige Relation zueinander vergeben werden. Wenn alle Werte immer nur im Höchstbereich liegen wäre dies eher ein Hinweis darauf, dass insgesamt zu hoch bewertet worden ist. Nur 100%-Bewertungen würden schlichtweg bedeuten, dass keine weiteren Potenziale mehr auszuschöpfen wären. D.h. es wäre ein kaum realistisches Bild das einer weiteren Überprüfung standhalten würde. Wie bereits angedeutet, wird im Rahmen dieses Prinzips jeder Faktor nicht nur aus dem verengten Blickwinkel einer einzigen Dimension betrachtet. Vielmehr wird versucht, der Wirklichkeit dadurch besser gerecht zu werden, dass jeder Aspekt aus drei unterschiedlichen Blickwinkeln heraus in Augenschein genommen wird.

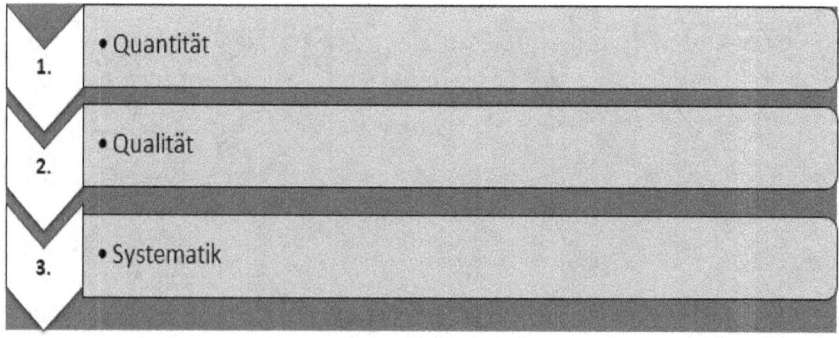

D.h. in einem ersten Schritt würde zunächst das rein mengenmäßige Vorhandensein eines Faktors danach beurteilt, wie weit dieser den Anforderungen zu entsprechen vermag. Vor dem Hintergrund, dass in vielen Fällen das bloße Vorhandensein vielleicht nicht ausreichen mag, könnte zusätzlich die Qualität des Faktors beurteilt werden. In manchen Fällen mag es durchaus vorkommen, dass fehlende Quantität durch bessere Qualität ausgeglichen werden kann. Sowohl die Dimension Quantität als auch die einer Qualität sind jedoch immer nur vergangenheits- oder bestenfalls gegenwartsbezogene Bewertungsdimensionen. Was darüber hinaus also noch interessiert, wäre eine zukunftsbezogene Beurteilungsbetrachtung, der mit einer weiterführenden dritten Systematik-Bewertung nachgekommen werden soll. D.h. unter diesem Blickwinkel sollte ein Faktor zusätzlich noch danach beurteilt werden, wie er sich voraussichtlich in der nächsten Zukunft weiter entwickeln wird bzw. wie stabil und sicher vergangenheits- und gegenwartsbezogene Bewertungen auch für die Zukunft fortgeschrieben werden können. Würde das Bewertungsbild aus diesen drei Dimensionen zusammengesetzt, so wird auch die Wahrscheinlichkeit größer, dass es besser der Realität entsprechen kann.

*Prinzip Ampelbeobachtung:* um dem Ganzen ein Rahmengerüst zu geben, könnten zunächst folgende vier Bewertungszonen unterteilt werden: Bewertungszone rot  0 % - 30 % = schlecht, Bewertungszone gelb  > 30 % - 70 %  = teils-teils,

Bewertungszone grün > 70% - 100 % = gut, Bewertungszone rot > 100 % = Übererfüllung.

| Qualitätskriterium - grundsätzlich - | lfd. Jahr | lfd. Jahr | lfd. Jahr |
|---|---|---|---|
| | Quantität | Qualität | Systematik |
| Umgangsformen, Auftreten | 75 | 55 | 80 |
| Glaubwürdigkeit, Akzeptanz | 65 | 75 | 40 |
| Problemlösungskompetenz | 85 | 95 | 90 |
| Zielbezogenes Handeln, Business Plan | 70 | 40 | 60 |
| Repräsentieren, Selbstdarstellung | 45 | 15 | 30 |
| Eigenständigkeit, Unabhängigkeit | 70 | 60 | 60 |
| Eigenkapital, Sicherheiten | 55 | 85 | 75 |
| Verhandlungsgeschick | 55 | 50 | 50 |
| Durchsetzungsvermögen, Überzeugungsstärke | 85 | 85 | 75 |
| Internetpräsenz, -reputation | 90 | 90 | 80 |
| Beharrlichkeit | 45 | 55 | 90 |
| Eigeninitiative | 90 | 90 | 90 |
| Ganzheitliches Denken, Business Intelligence | 80 | 80 | 90 |
| Strategieorientierung | 75 | 75 | 80 |
| Ideenmanagement | 65 | 65 | 90 |
| Weiterbildungsaktivitäten | 55 | 75 | 40 |
| Teilnahme Kompetenznetzwerke | 35 | 30 | 80 |
| Selbstbewusstsein | 90 | 90 | 80 |
| Soziale Kompetenz | 30 | 40 | 50 |
| Managementqualifikation | 30 | 30 | 30 |
| Wille zum Erfolg | 55 | 55 | 35 |
| Arbeitsstil, Arbeitstechniken | 70 | 60 | 70 |

## Eigenverleger lernen von Wirtschafts-Senioren

Immer mehr Senioren wollen sich engagieren, immer mehr Jüngere davon profitieren: „die Ratsuchenden sind meist kleine und mittelständische Unternehmer, von Inhabern eines IT-Services oder einer Fußpflege-Praxis bis zur Gastronomie". Bei den Wirtschafts-Senioren sind ehemalige Banker, Berater, Marketingfachleute, Ingenieure bis hin zu Ärzten oder Kunsthändlern aktiv. Ehemalige Führungskräfte betrachten klassische Senioren-Betätigungen oft als nicht ausreichend, d.h. sie wollen nicht nur im Garten umgraben oder für das nächste Gemeindefest einen Kuchen backen. Vor allem aber wollen sie ihren Alltag strukturieren und nicht antriebslos einfach in den Tag hineinleben.

Damit solche Projekte gelingen, müssen nicht nur die Jüngeren bereit sein, von den Älteren zu lernen (und umgekehrt). Beide Seiten müssen ihre Erwartungen und Wünsche offen an- und besprechen. Ältere dürfen nicht versuchen, Projekte zu dominieren (sich stark einzumischen) oder status- und machtorientiert zu agieren. Erfahrungen mit Wirtschafts-Senioren zeigen, dass diese gerne ausführliche Konzepte schreiben, „während junge Start-up-Gründer einfach mal eine Beta-Version des Produkts auf den Markt bringen und schauen, wie es läuft.

Manche Irritationen rühren auch daher, dass Ältere meistens mehr Zeit haben als Jüngere. Was für sie aber gleichzeitig auch ein Pluspunkt sein kann. Beispielsweise bei einer Kooperation mit der Agentur für Arbeit oder Banken: um zu begutachten, ob Konzepte von Gründern schlüssig sind. Im Gegensatz zu Sachbearbeitern der Agentur oder Bank können sie sich ausführlich mit angehenden Unternehmern unterhalten, wagen eher mal ein offenes Wort und fungieren, falls es einmal notwendig werden sollte, auch als Bremser. Um vor Fehlern zu bewahren, die sie in ihrem Berufsleben vielleicht einmal selbst gemacht haben.

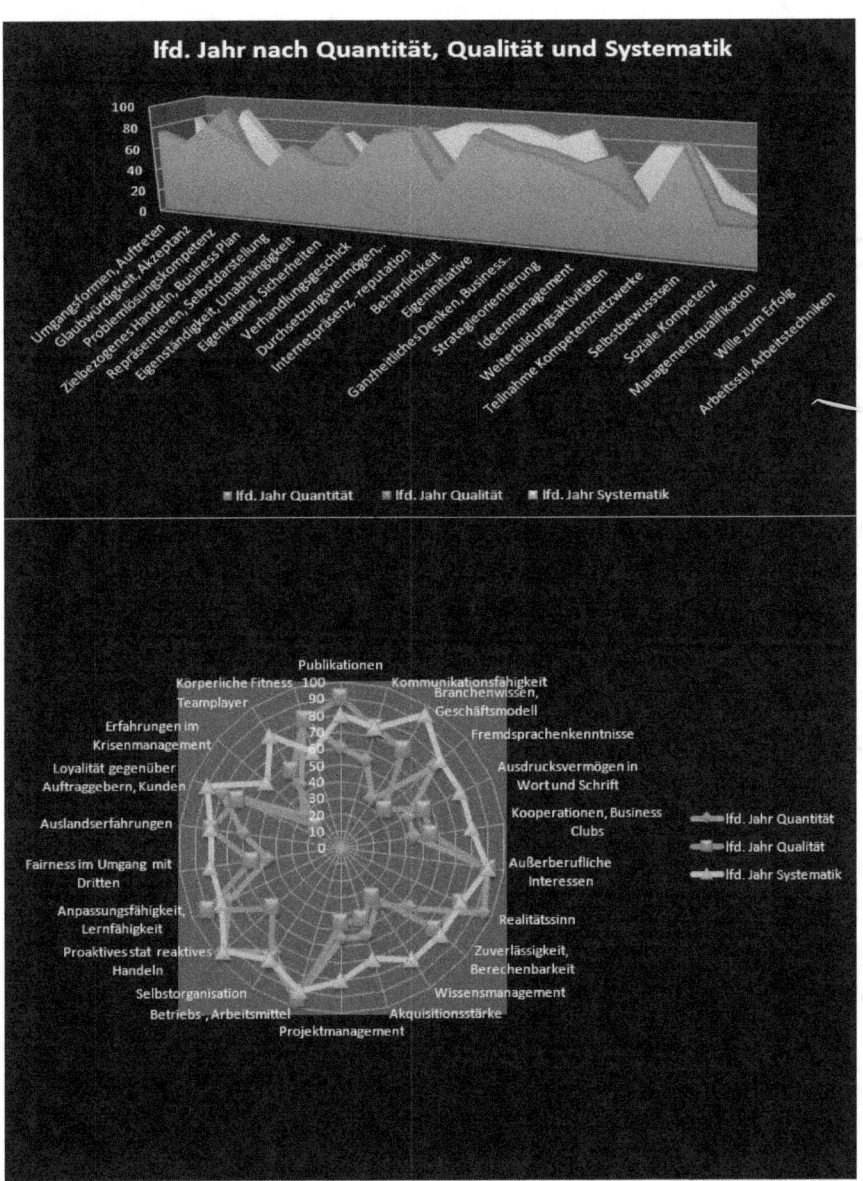

Sicherheit und innere Stärke vermittelt ein Eigenverleger vor allem mit seiner Überzeugungskraft für die Erfolgsaussichten seines Geschäftsvorhabens. Das Selbstbewusstsein ein gleichwertiger (nicht gleichgewichtiger) Verhandlungs-partner zu sein, könnte auch aus dem Wissen der eigenen Stärken auf Grundlage einer Wissens- und Personalbilanz gespeist werden. Was hier an Sachverhalten offengelegt und transparent nachvollziehbar gemacht wird, übersteigt mit der Fokussierung auf immaterielle Werte das, zu dem das Gegenüber als Bank bereit und fähig wäre.

Jeder Eigenverleger sollte sich darauf einstellen, dass er nicht nur mit der Geschäftsidee und der Markteinschätzung seines Vorhabens einem Rating unterworfen wird. In einem Schwerpunkt dürfte sich ein solches Rating auch mit seiner Person, d.h. seinen Unternehmereigenschaften, seinen fachichen und kaufmännischen Voraussetzungen sowie manchmal bis in den Privatbereich hinein auch mit seinen persönlichen Eigenschaften befassen. Bei Gesprächspartnern kann der Eigenverleger bereits dadurch Pluspunkte sammeln, wenn er diesen glaubhaft zu machen versteht, dass er nicht nur seinen Markt einzuschätzen weiß, sondern ebenso realistisch mit den Stärken und Schwächen seiner eigenen Person umzugehen weiß.

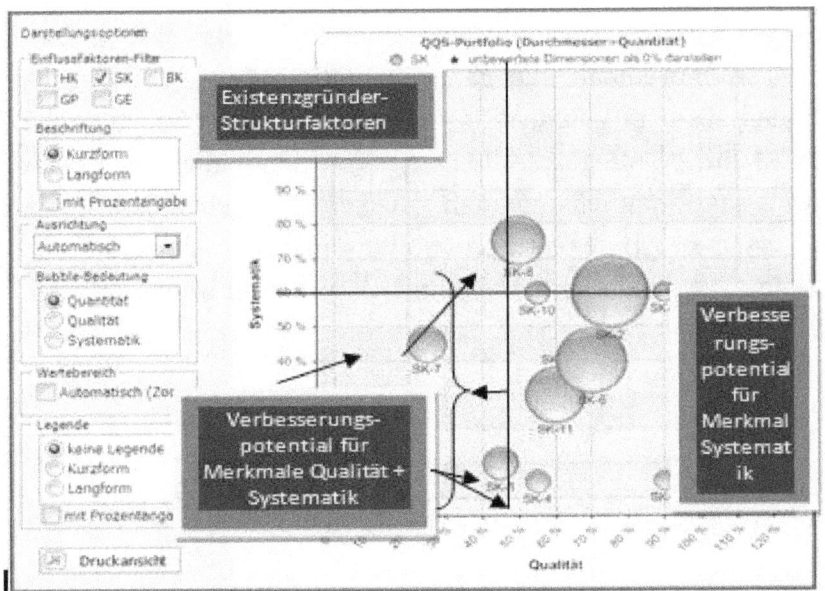

Denn gerade beim Verlassen des Terrains des engen Fach- und Spezialistentums muss sich der Eigenverleger als sattelfest und gut vorbereitet erweisen. Der Kapitalgeber ist immer an allen Informationen interessiert, anhand derer er einschätzen kann, wie hoch das Risiko ist, dass der Kredit nicht zurückbezahlt wird. Da der Businessplan beispielsweise eines Existenzgründers meistens auf viel Glauben auf die Zukunft gebaut ist, hängt die Beurteilung der Kreditwürdigkeit in noch stärkerem Maße als sonst üblich von der Beurteilung der Person des Eigenverlegers ab. Dieser muss also mit seiner Person überzeugen und glaubhaft machen, dass man sich auf ihn als Geschäftspartner verlassen kann. Dies fängt bei einfachen

Selbstverständlichkeiten an: dass man beispielsweise vereinbarte Termine einhält und gegebenenfalls offene Punkte rasch klärt und aus der Welt schafft. Geschäftsrelevante Sachverhalte und Zukunftsplanungen sollten einer Hausbank auch nach einer Kreditzusage möglichst zeitnah zur Kenntnis gebracht werden. Die Person des Eigenverlegers sollte den Eindruck vermitteln, dass sie gegenüber Geschäftspartnern immer mit offenen Karten spielt.

## E-Book-Merkmale

Ein E-Book ist eine im ePub-Format erstellte Datei, die:
optisch von einer fest formatierten PDF-Datei abweicht,
im Vergleich zu einer auf PC, Notebook zu lesenden PDF-Datei einen höheren Lesekomfort hat.
Bei einem E-Book gibt es
keine Vor- und Rückseite
keinen Klappentext
keine Seitenzahlen (sondern Positionsmarker für Anzeigen auf einem E-Reader)
keine feste Schriftart
keine feste Schriftgröße.

Jeder E-Reader interpretiert ein E-Book anders, jeder Leser kann Schriftgröße, Schriftart, Zeilenabstand individuell einstellen (und so an seine Lesebedürfnisse individuell anpassen). Es werden keine Farben angezeigt (Umsetzung in schwarz/weiß), die Zeilen sind kürzer (abhängig von den individuellen Einstellungen), Grafiken sind kleiner (an Seitenbreite angepasst). Optimal wären u.a. Schriftarten Arial oder Times New Roman 12 Punkt. Leerzeilen werden nach der Umwandlung ins ePub-Format nicht als Absatz angezeigt (inhaltliche Strukturierung des Textes geht verloren).

*Spezifische Personalfaktoren im Blickfeld einer Existenzgründung*: Informationen zu Fähigkeiten und Eigenschaften sind oft zu wenig aussagekräftig. Da oft nur geringe Vermögenswerte ausgewiesen werden können ist das Informationsbedürfnis insbesondere hinsichtlich vorhandener immaterieller Werte umso dringender. Unter anderem geht es dabei um so wichtige Erfolgsfaktoren wie Kompetenzen, Kundenbeziehungen oder zukunftsträchtige Innovationspotentiale. Nach wie vor sind solche Informationen über immaterielle Werte oft nicht vorhanden oder zu wenig transparent bzw. nachvollziehbar. Existenzgründer stehen vor einer der größten, vielleicht der bis dahin größten Herausforderung ihres Lebens. Die zunächst alles andere in den Hintergrund drängende Frage des Existenzgründers lautet: wo komme ich her, wie schnell will ich wann wohin und wie fit bin ich? Entscheidende Fragen, die der Existenzgründer bereits vor oder zumindest während der Startphase beantwortet haben sollte.

*Existenzgründungen aus Sicht des Standortes*: Art, Umfang und Erfolge von Existenzgründungen können dazu beitragen, nicht nur das Gesicht sondern auch Chancen und Entwicklungen des gesamten sie tragenden Standortes zu prägen. Kurz zusammengefasst: es geht um einen der relevanten Standort-Erfolgsfaktoren.

*Existenzgründungen aus Sicht von Kreditgebern*: Im Normalfall werden im Vorfeld und in der Anfangsphase Fremdkapital, Kredite und Fördermittel benötigt. Neben den hierfür üblichen Antragsformularen und –unterlagen würden Kreditgeber gerne mehr Hintergrundinformationen erhalten.

*Heilsamer Zwang zur Offenheit:* handelt es sich bei einer Existenzgründung um einen Schritt in die Selbständigkeit, so steht und fällt ohnehin alles mit der Person des Existenzgründers. Nicht umsonst hat der alte Kalauer einen wahren Inhalt, nach dem ein Selbstständiger einer ist, der ständig alles selbst machen muss: neben einer trag- und zukunftsfähigen Geschäftsidee hängt alles von einer oder einigen wenigen Personen ab. Neben den immateriellen Werten des Unternehmens rücken damit gleichermaßen persönliche Eigenschaften und Fähigkeiten, d.h. spezifische Personalfaktoren in das Blickfeld einer Existenzgründung). Jedes intensive Nachdenken und Analysieren im Vorfeld oder der Startphase einer Existenzgründung bringt allein für sich betrachtet bereits Vorteile. Zu den vielleicht größten zählt, dass alle möglichen Fehler und Risiken, die noch gewissermaßen während der Existenzgründung auf Papier erkannt werden, mögliche Schäden und Gefahren in der realen Praxis verhindern helfen. Der Eigenverleger wird mehr oder weniger direkt dazu gezwungen, sich über dynamische Wirkungsbeziehungen zwischen seiner Person und der Geschäftsidee Klarheit zu verschaffen. Auch wäre dies nochmals eine Gelegenheit, an Konzepten und Planungen zu feilen und sie möglichst krisenfest und zukunftssicher zu gestalten.

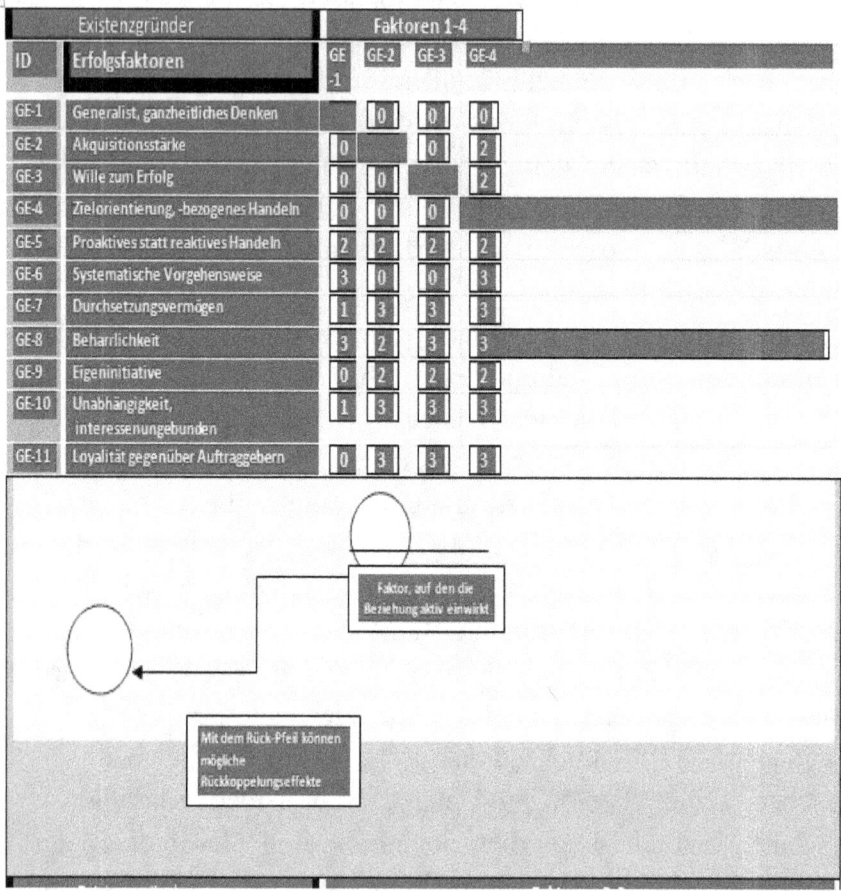

Zu geldwerten Vorteilen kann dies immer dann beitragen, wenn es um Geld geht, das sich der Eigenverleger von anderen leihen möchte. Jede Existenzgründung folgt eigenen Regeln und Personalprofilen.

Im Mittelpunkt: die Person
Einbinden in eine umfassende Personalbilanz
Grundmuster strategischer Überlegungen
Eigenverlegerprofil mit 3 Bewertungsdimensionen
Umsetzung in Bewertungsnetze
Die Bewertungs-Ampeln des Eigenverlegers
Eigenverleger im Rating-Portfolio
Ausblick auf Potentiale und Strategien

Für alle mit einer Existenzgründung verbundenen Behördengänge kann es für den Eigenverleger nur von Vorteil sein, wenn er nicht nur alle geforderten Formulare sorgfältige beantworten und ausfüllen kann, sondern darüber hinaus zu jeder Zeit und an jeder Stelle von ihm selbst vorbereitete Unterlagen zu seinen Personalfaktoren zur Verfügung stellen kann.

Das größte Pfund, mit dem ein Eigenverleger mit seinem oft wissensintensiv ausgerichteten Geschäftsmodell wuchern kann, sind seine immateriellen Werte. Oft übersteigen diese den materiellen Vermögensstand um ein Mehrfaches. Solange die Informationen hierüber für Banken nicht transparent sind, bleibt der Eigenverleger meist auch in der von ihm oft befürchteten schwachen Position. Die Folge: was nicht bekannt ist oder bekannt gemacht wird, können Banken bei der Kreditvergabe auch nicht oder nur unzureichend bewerten und berücksichtigen.

*Standortvermessung:* oft ist auch der Standort ein wesentlicher Bestandteil des Geschäftsmodells. Der richtige Standort ist überlebenswichtig für Existenzgründungen. Einmal getroffene Standortentscheidungen lassen sich, auch wenn sie nur „suboptimal" sind, nur schwer wieder korrigieren oder rückgängig machen. Zudem wären solche Korrekturen mit einem längeren Zeithorizont und möglicherweise beträchtlichen Kosten verbunden. Im Vorfeld muss also alles unternommen werden, dass solche Situationen nach menschlichem Ermessen nicht erst eintreten können. Zwar mag man davon ausgehen, dass Existenzgründer ohnehin schon vor einer schier unüberwindlich scheinenden Anhäufung von Problemen stehen würden und daher keine Zeit bliebe, sich auch noch intensiv mit der Wahl des richtigen Standortes zu beschäftigen. Dies jedoch ist ein folgenschwerer Fehlschluss. Wenn sich der Existenzgründer intensiv mit allen Merkmalen und Hintergrund-Sachverhalten des von ihm ins Auge gefassten Standortes befassen muss, ist gerade er auf entsprechend geeignete Arbeitshilfen angewiesen. Falls diese nicht verfügbar oder zugänglich sein sollten, muss sich der Existenzgründer notfalls sein eigenes Instrumentarium der Standortbewertung erstellen. Dass dies nicht nur ein als lästig empfundener Aufwand ist, sondern auch zu wertvollen Erkenntnissen im Vorfeld der Geschäftstätigkeit führt, lässt sich bereits bei ersten Kreditgesprächen mit Förderungsstellen und Banken feststellen.

## Experten-Autoren gegenüber Hobby-Autoren auf dem Vormarsch

Der Selfpublishing-Markt wird professioneller: Anteil Hobby-Autoren ist rückläufig. 2015 entfallen in Deutschland bereits 30 Prozent der Neuerscheinungen auf Selfpublishing. Bei Experten-Autoren ist der Anzahl publizierter Titel im Selfpublishing im Vergleich zu klassischen Verlagen deutlich höher. Die Zahl der Autoren, die vom Selfpublishing leben steigt (vor allem in den USA, zunehmend auch in Deutschland) laufend. Experten-Autoren können in Deutschland bis zu 30.000 Euro im Jahr verdienen.

Klassische Verlage können einen Titel immer nur für eine relativ kurze Zeit (ca. 1 Jahr) betreuen. Der Self-Publisher muss solche Vermarktungsaufgaben völlig in Eigenregie übernehmen. Im Selfpublishing-Markt stagniert zwar der E-Book-Anteil, der Anteil Books on Demand aber nimmt laufend zu: E-Books sind vor allem ein Marketing-Instrument, Umsatzbringer dagegen ist das Book on Demand.

Im Bereich Marketing ist das Verschenken von Büchern (z.B. an Redaktionen) ein wichtiges Vertriebsinstrument. Man sollte 5-10 Stunden pro Woche für die Eigenvermarktung aufwenden. Selfpublishing bietet die Möglichkeit, auch eng begrenzte (auch regional) Zielgruppen anzusprechen (d.h. auch solche, die sich für klassische Verlage nicht lohnen). Die Beschaffung einer ISBN belegt, dass man das Buch am Markt (zur Erzielung von

Umsatz und Gewinn) veröffentlichen will und nicht als Liebhaberei für den Eigenbedarf betrachtet.

*Strategisch und nachhaltig:* Existenzgründer brauchen einen langen Atem, denn ihr Hochleistungs-Vorhaben ist oft eher mit einem Marathon als einem Sprint vergleichbar. Der Existenzgründungsprozess sollte weg vom rein Formalen hin zu einem gesamtstrategischen Verständnis führen. Denn erst so erhält der Eigenverleger auch die Informationen, die er braucht, um sein Geschäftsvorhaben in eine erfolgreiche Zukunft steuern zu können. Professionell orientierte Eigenverleger brauchen einen langen Atem, denn ihr Hochleistungs-Vorhaben ist oft eher mit einem Marathon als einem Sprint vergleichbar. Dies bedeutet: Entscheidungen auf Basis aktueller und maßgeschneiderter Informationen treffen zu können, d.h. Marktwissen und Fachkenntnis müssen auch in einem schnelllebigen Marktumfeld mit genauen Analysen unterstützt werden. Am Beginn des „Knowledge Age" gilt die Formel: „Company Business = Information Business". Der Eigenverleger sollte deshalb danach streben, mit einer intelligenten Ausschöpfung seiner Potentiale für seine Kunden zielgerichtet einen Mehrwert zu schaffen.

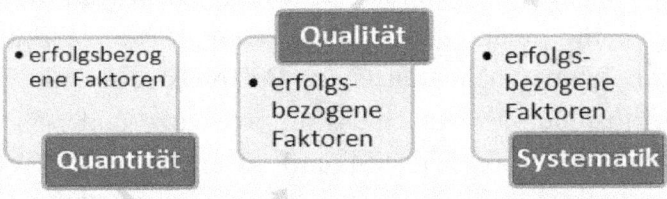

| Cluster: Erfolgsfaktoren | Erster Aspekt | Zweiter Aspekt | Dritter Aspekt |
|---|---|---|---|
| Personalfaktoren | Quantität | Qualität | Systematik |
| Generalist, ganzheitliches Denken | 95 % | 95 % | 85 % |
| Akquisitionsstärke | 80 % | 80 % | 65 % |
| Wille zum Erfolg | 95 % | 90 % | 80 % |
| Zielorientierung, -bezogenes Handeln | 90 % | 85 % | 75 % |
| Proaktives statt reaktives Handeln | 95 % | 75 % | 60 % |
| Systematische Vorgehensweise | 95 % | 95 % | 90 % |
| Durchsetzungsvermögen | 95% | 95 % | 85 % |
| Beharrlichkeit | 80 % | 80 % | 65% |
| Eigeninitiative | 95% | 90 % | 80 % |
| Unabhängigkeit, interessenungebunden | 95 % | 90 % | 90 % |
| Loyalität gegenüber Auftraggebern | 95 % | 95 % | 90 % |

Zwischen den hierbei wirkenden persönlichen Einflussfaktoren gibt es zahlreiche Austauschbeziehungen mit mehr oder weniger starken Impulsweiterleitungen. Diese Wirkungsbeziehungen sind nicht fest verdrahtet, wie etwa die verlöteten Verbindungen in elektrischen Schaltkreisen. Zu sehr befindet sich ein Existenzgründer in ständiger Bewegung und Veränderung. Wenn man also versucht, die Potentiale eines Existenzgründers zu verstehen, sollte man sich dabei auch diese Wirkungsbeziehungen einmal näher ansehen. Beispielsweise mit Hilfe folgender Einzelpunkte: Anschluss an Existenzgründer-Rating, welches Potential birgt die Zukunft, komprimierte SWOT-Überlegungen, segmentspezifische Zielplanung, Klärung des Liquiditäts-Potentials, Business Intelligence-Potential, Durchblick: Eigenverlegerfaktoren-Wirkungsnetz, Wirkungsstärke-Verknüpfungstabellen, Eigenverleger-Prozessfaktoren, Eigenverleger-Erfolgsfaktoren,Eigenverleger-Strukturfaktoren, Eigenverleger-Beziehungsfaktoren, Wirkung eines Faktors auf jeweils übrige. Herausfiltern: interessierende Einzelfragen, Wirkungsdauer ist von Bedeutung, Interpretation mit Aktivsummen, Inaugenscheinnahme der Passivwirkungen, Collaborative Business-Potential, Schnüren eines Maßnahmenpaketes.

## Self-Publishing als Vorreiter individualisierter Arbeitswelten

Die Individualisierung hält damit auch in die Arbeitswelt der schreibenden Zunft Einzug: der Anteil der Selbständigen wird stark zunehmen, Nichtselbständige werden zu einem großen Teil Werkverträge oder befristete Arbeitsverträge haben. Die guten Leute werden sich als "Selbst-Unternehmer" nicht mehr auf Dauer an Verlage binden/ verkaufen, sondern in wechselnden Netzwerken arbeiten. Die Kinder von heute werden in ihrem Leben verschiedene Berufe ausüben und zwischen verschiedenen Erwerbsformen wechseln. Self-Publishing ist hierbei für solche Arbeitsformen ein Vorreiter.

Durch mehr Transparenz und nachvollziehbare Bewertung/ Messung knapper Wissensressourcen können diese auch vom Self-Publisher im Wettbewerb zielgerichteter genutzt werden. Denn es wird grundsätzlich und branchenübergreifend immer mehr darauf ankommen, dass man vor allem wissensgestützte Produkte und Dienstleistungen nutzt: der Marktwert heutiger Produkte und Dienstleistungen basiert zu einem immer größeren Teil auf deren Informationsgehalt. Dabei werden verschiedene Entwicklungsstufen durchlaufen: von der Daten- über die Informations- bis hin zur Wissensstufe.

Den Wert eines Publishers ermittelt man immer mehr dadurch, indem man auf das Verhältnis von Daten, Informationen und Wissen schaut. Publisher, die sich „informationalisieren" können, werden besser dastehen als solche, die dies nicht können. Wenn sie darüber hinaus vorhandene Wissensbestände zu nutzen wissen, werden sie sogar noch stärker und wertvoller sein als die, die nur auf Informationen basieren.

*Wissensbilanzen nutzen:* im Rahmen von Existenzgründungen ist das Intellektuelle Kapital das Wichtigste, auf das eine Einzelperson ein Geschäftsmodell aufbauen kann. Was also liegt näher, als für gut und ausgereift befundene Entwicklungen eben auf jenen leichter überschaubaren Bereich des Eigenverlegers zu übertragen und für vielleicht noch neue Wege zu nutzen. Die gleichen Verfahren könnten ebenso von vielleicht interessierten Verlagen u.a. mit gleich hohem Wirkungsgrad und Nutzen eingesetzt werden. Jedermann, der sich näher mit Wissensbilanzen beschäftigt, ist begeistert von der Eleganz und durchgängigen Logik der hierbei verwendeten Konzepte. Damit stellt sich die Frage, warum in der täglichen Praxis von Unternehmen solche Wissensbilanzen nur zögerlich oder überhaupt nicht eingesetzt werden. Eine der möglichen Antworten hierauf liegt wohl nach wie vor in der vermeintlichen Nichtfassbarkeit und Nichtmessbarkeit menschlichen Wissens.

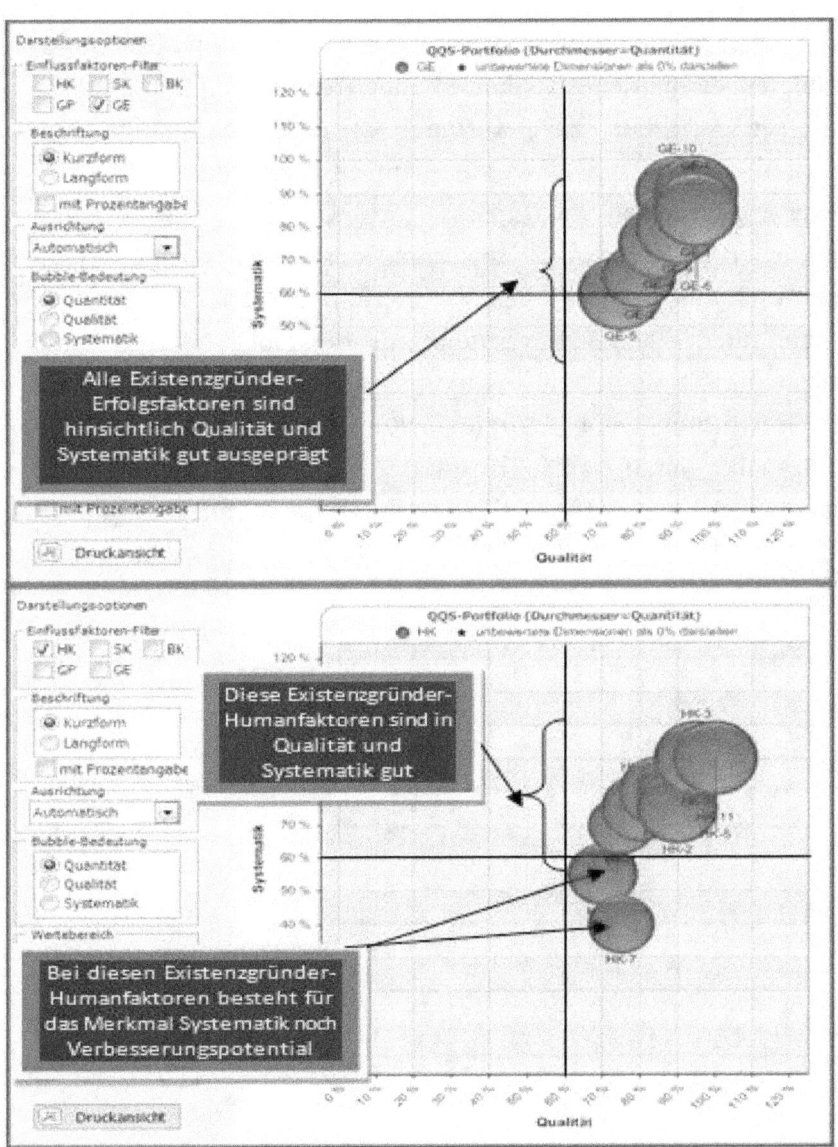

*Strategiealternativen gewichten:* mit der Realisation alternativer Strategien verbundene Risiken können nach folgendem Schema gemessen werden: zur Auswahl stehende Strategien (im Beispiel: I, II und III) werden zunächst anhand gewichteter Bewertungskriterien (z.B. Marktanteil = 0.8, Wettbewerbsposition = 0.7 etc.) und dem jeweils zugehörigen Zielerreichungsgrad für dieses Kriterium bewertet (= G x Z). Anhand dieser Messung erhielte im Beispiel Strategie I die höchste und Strategie III die niedrigste Punktzahl. Zieht man für die Bewertung von Strategiealternativen zusätzlich ein Risikomaß heran (im Bespiel: subjektive Erfolgswahrscheinlichkeit von max. 1,0), so würde nunmehr Strategie III aufgrund ihrer sehr hohen subjektiven Erfolgswahrscheinlichkeit am höchsten bemessen:

| Kriterien | Gewichtung G=max. 1,0 | Strategie I | | Strategie II | | Strategie III | |
|---|---|---|---|---|---|---|---|
| | | Zielerreichungsgrad = Z (max. 10) | G x Z | Z | G x Z | Z | G x Z |
| ▶ Marktposition | 0,8 | 6,3 | 5,0 | 5,8 | 4,6 | 3,2 | 2,6 |
| ▶ Wettbewerbsposition | 0,7 | 5,2 | 3,6 | 6,0 | 4,2 | 3,0 | 2,1 |
| ▶ Wachstumsrate | 0,4 | 8,1 | 3,2 | 4,0 | 1,6 | 4,0 | 1,6 |
| ▶ Wertsteigerung | 0,5 | 2,4 | 1,2 | 5,0 | 2,5 | 4,2 | 2,1 |
| ▶ Investitionsvolumen | 0,3 | 7,1 | 2,1 | 3,0 | 0,9 | 5,0 | 1,5 |
| ▶ Kostenstruktur | 0,3 | 8,0 | 2,4 | 2,0 | 0,6 | 3,8 | 1,1 |
| ▶ RoI | 0,4 | 3,8 | 1,5 | 9,0 | 3,6 | 3,6 | 1,4 |
| ▶ Innovation | 0,6 | 4,7 | 2,8 | 4,0 | 2,4 | 5,4 | 3,2 |
| ▶ Kundenbindung | 0,9 | 6,2 | 5,6 | 3,0 | 2,7 | 4,8 | 4,3 |
| ▶ GESAMT | | | 27,6 | | 23,1 | | 20,0 |
| ▶ subjekte Erfolgswahrscheinlichkeit = max. 1,0 | | | 0,5 | | 0,7 | | 0,9 |
| ▶ = risikogewichtetes Ergebnis | | | 13,79 | | 16,20 | | 18,00 |

**Finanzperspektive im Blickfeld**

Die grundlegende Frage zu dieser Perspektive befasst sich mit dem finanziellen Erfolg, d.h. finanzielle Steuerungsgrößen werden auf Kennzahlen wie den Economic Value Added, die Umsatz- und Kapitalrendite oder die relevante Durchlaufzeit hin ausgerichtet. Das Existenzgründerkonzept stellt hierbei die Ertrags-, Kostensenkungs-, Produktivitätsverbesserungs- und Innovationsziele in den strategischen Kontext einer Wissensbilanz. Dabei geht es insbesondere darum, aus der Vielzahl der täglichen finanzwirtschaftlichen Daten die strategisch relevanten Informationen herauszufiltern und auch hinsichtlich ihrer Verflechtungen mit der Umwelt zu untersuchen.

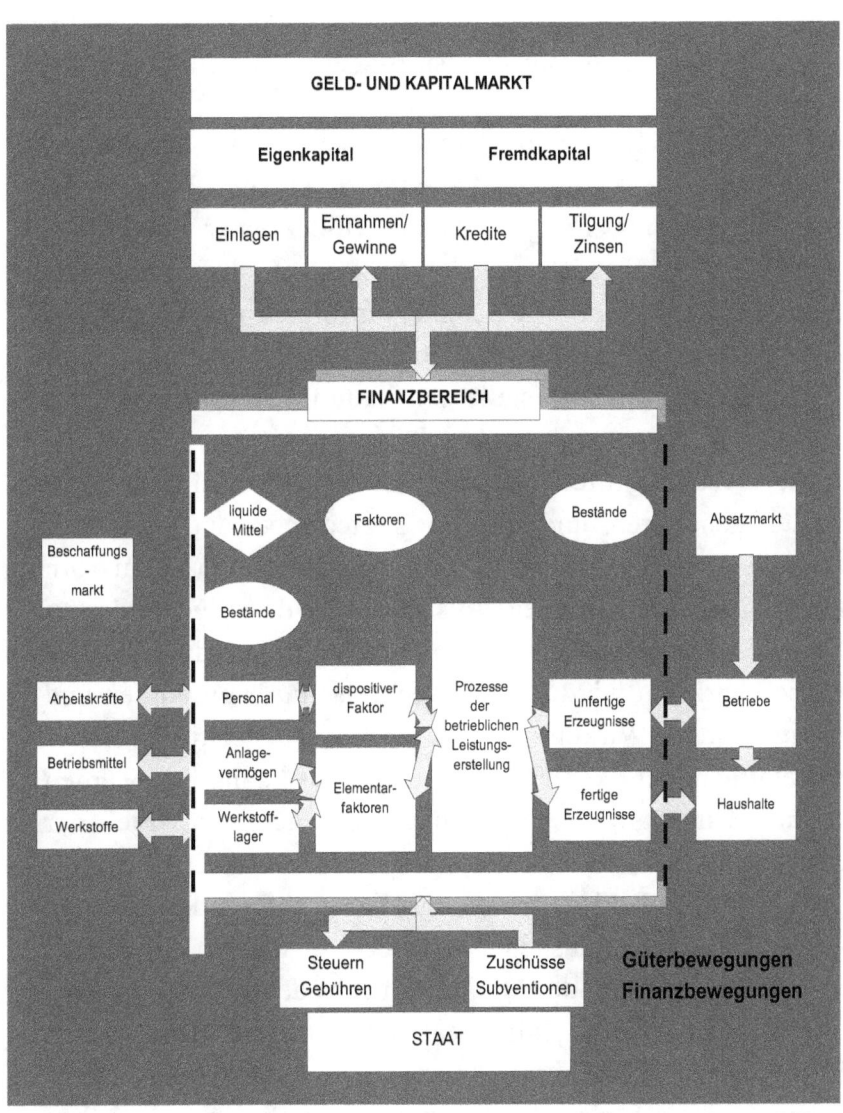

**Die Zukunft ist ungewiss**

Szenarionanalyse für eine datenmäßig noch ungewisse Zukunft: die Bandbreite wird auf Grundlage von Best- und Worst-Case-Szenarien bestimmt. Es geht darum, Bilder einer möglichen, datenmäßig vielfach noch ungewissen Zukunft abzubilden. Die Namensgebung für Szenariotechniken erfolgte in Anlehnung an die Szenenbeschreibungen in Filmdrehbüchern: ein Szenario ist die Beschreibung einer vorstellbaren zukünftigen Situation.

Wer in diesem Umfeld interne und externe Informationen schneller generieren und sie für strategische und operative Entscheidungen und Prozesse nutzen kann, kann hieraus am sichersten Vorteile schöpfen. Aus der Sicht des Eigenverlegers stellen sich diese Risiken umso komplexer dar, da sie quasi zeitgleich wirksam werden, sich wechselseitig beeinflussen und sich in ihrer Wirkung teils auch gegenseitig verstärken/beeinträchtigen können. Mit einer Risikoanalyse werden Szenarien Eintrittswahrscheinlichkeiten zugeordnet. Ziel der Szenariotechnik ist es, auf ökonomische Problematiken übertragen, ebenfalls Bilder einer möglichen Zukunft darzustellen. Von der Gegenwart ausgehend werden in einer Lageanalyse Wahrscheinlichkeitsgrade ermittelt, nach denen sich sowohl interne als auch externe Einflussfaktoren innerhalb der nächsten Zeit verändern werden. Es wird ein Entwicklungsverlauf aufgezeigt, der zu einer bestimmten Zukunftssituation führt: jeweils unter der Annahme, dass die Einflüsse heute geltender Tatbestände (Gesetzte, Technik, Kundenverhalten) mit fortschreitender Zukunft immer mehr abnehmen werden. Während in den Strukturen der Gegenwart Störereignisse meist noch keine Rolle spielen, nehmen mit zunehmender Erweiterung dieses Zukunfts-/Zeittrichters gleichzeitig die Ungewissheit von Informationen und damit auch die Unsicherheit hinsichtlich des Eintreffens von Voraussagen zu: in der ganz weiten Zukunftsferne wird nahezu alles möglich.

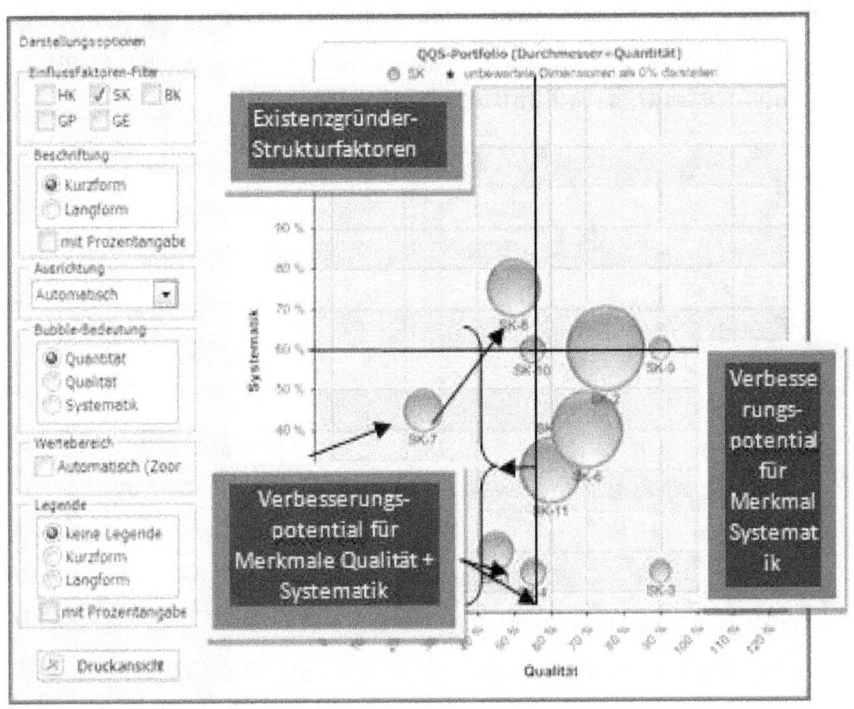

Die wirkliche Entwicklung wird sich zwischen den Randpunkten des Möglichkeitsraumes, d.h. zwischen optimistischen und pessimistischen Extremszenarien liegen, einstellen. Als zweites könnte deshalb ein wahrscheinliches Szenario als Trendverlängerung der heutigen Sicht fortgeschrieben werden. Zur Abrundung sollte dann noch mindestens ein Szenario mit möglichen Störereignissen für ein neues Zukunftsbild aufgenommen werden. Je umfassender sich Ein Eigenverleger mit diesen möglichen Informationsszenarien auseinandersetzt, desto größer ist der zu erwartende Nutzen für die Meinungsbildung hinsichtlich zukünftiger Potenziale.

## Low-Budget-Konditionen als Akt der Selbstbehauptung

Immer mehr Autoren verlegen ihre eigenen Bücher selbst, statt mit dem zufrieden zu sein, was ihnen von traditionellen Verlagen ermöglicht wird. Es ist ein mutiger Trend, eine Ausweichbewegung, ein Akt der Selbstbehauptung. Geld sammeln, sich verschulden, um Chancen auf Einnahmen zu generieren und wahrzunehmen, was sonst kein Verlag bietet.

Denn im Verlag hat das Lektorat einen Chef über sich. Und wenn bei dem die Quote, Auflage nicht stimmt, macht er den Lektor verantwortlich. Im Bereich des Sachbuches kann es schon einmal dauern, bis sich die erhofften Einnahmen (die Auflagen sind ohnehin niedriger als im Bereich Crime and Sex) einstellen. Kaum ein Lektor ist bereit, hierfür das Risiko zu tragen oder gar seinen Job aufs Spiel zu setzen. Den Sachbuchautor bleibt somit letztlich nur der Ausweg über eine kostengünstige Self-Publishing-Strategie.

*Business Intelligence-Potential ausloten:* um wichtiges Wissen über Märkte, Wettbewerb, Innovationen und Veränderungen im Umfeld des Eigenverlegers zu erhalten sollten die hierzu in einer Datenbasis gesammelten Informationen in Zusammenhänge, d.h. Relationen gebracht werden. Dabei bilden Business Intelligence-Konzepte eine betriebswirtschaftliche Einheit. Das Business Intelligence-Spektrum reicht von der Analyse einfacher EXCEL-Tabellen bis hin zu komplexen Data Mining-Analysen. Die Business Intelligence-Instrumente erzeugen das

Wissen, das man braucht, um sich in immer komplexeren Märkten zu behaupten.

Deshalb sollten die IT-Kapazitäten eines Eigenverlegers auch mit starken analytischen Applikationen ausgerüstet sein. Diese müssen in erster Linie in gesamtstrategischer und weniger in rein technischer Hinsicht entwickelt werden. Hierunter verstanden werden vorgefertigte Anwendungen, die bereits entsprechendes Business-Knowhow enthalten und damit mit ausgefeilten analytischen Komponenten auch konkrete Geschäftsproblemstellungen praxisnah adressieren können. Mit einer derartigen Analysepower gewinnen Eigenverleger Einblick in bis dahin unentdeckte oder unbeachtete Zusammenhänge, die ihnen u.a. bei der Entwicklung neuer Geschäftsmodelle und -strategien, u.a. mit vorgefertigten Lösungsmethoden und Implementierungsmodellen dienen können. Ein Business-Intelligence-Modell sollte die einzelnen Schritte einer Wertschöpfungskette abbilden können. Die höchste Stufe wird mit Analytical Intelligence (analytische Intelligenz), d.h. mit komplexen Analysemethoden wie Data Mining erreicht. Insgesamt gesehen geht es also um die zukunftsorientierte Optimierung komplexer Prozesse innerhalb eines in sich geschlossenen Feedback-Kreislaufs:

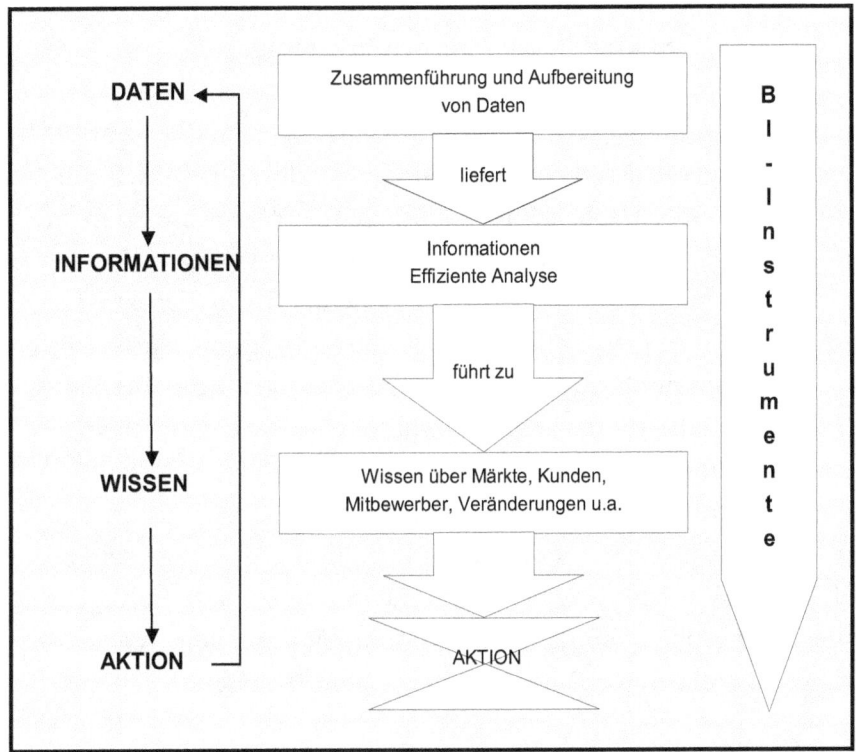

Zudem erfordert das tägliche Wirtschaftsleben immer mehr vernetzte Informationen. Im Sinne einer umfassenden Business Intelligence-Plattform sollten die Daten für die Durchführung der Analyseprozesse daher zunächst meist aus operativen Systemen extrahiert, transformiert oder heruntergeladen werden. Der Business Intelligence Denkprozess sollte daher weg vom reinen Reporting hin zu einem gesamtstrategischen Verständnis führen.

## Schnelligkeit verspricht Erfolg

Achtung Zeitfaktor!: Wenn bei der Nutzung von Wissen auf einem disruptiven Markt zu viel an Zeit verloren geht, kann es vielleicht schon zu spät sein (brachliegende Wissensressourcen werden nicht in entsprechende Gewinne umgesetzt). In der Praxis ist Schnelligkeit meist gleichbedeutend mit Erfolg, d.h. man muss sein Geschäftsmodell schnellstmöglich durch die Wertekette hindurch bewegen. Wer die Hebelkraft des Intellektuellen Kapitals nicht kennt, verpasst leicht Gelegenheiten: Menschen und Informationen/Wissen sind das wertvollste Kapital. Rohmaterialien, Produktions-, Geschäfts- und Vermarktungsprozesse sind auch für andere notfalls schnell verfügbar. Was im Gegensatz hierzu nicht schnell verfügbar gemacht werden kann, sind Wissen, Fähigkeiten, Qualifikationen, Erfahrungen, Motivation u.a. von Personen.

*Einflussfaktoren im Wirkungsnetz:* zwischen den erwähnten Einflussfaktoren wirken zahlreiche Austauschbeziehungen mit mehr oder weniger starken Impulsweiterleitungen. Diese Wirkungsbeziehungen zwischen den Faktoren sind nicht fest verdrahtet, wie etwa die verlöteten Verbindungen in elektrischen Schaltkreisen. Zu sehr befindet sich ein Eigenverleger in ständiger Bewegung und Veränderung. Deshalb soll nunmehr jeder Einflussfaktor jeweils mit allen anderen Faktoren nach aktivem Wirkungseinfluss, passivem Wirkungseinfluss sowie der Dauer, bis eine Änderung in der Faktorenbeziehung wirksam wird, verknüpft und analysiert werden. Bevor man versucht, die Potentiale eines Eigenverlegers systematisch zu durchleuchten, sollte man zuerst die zwischen einzelnen Einflussfaktoren wirkenden Beziehungen näher ansehen und verstehen. Eine erste und einfache Orientierungshilfe könnten die folgenden Abstufungen sein:

| | Stufen der aktiven Wirkungsstärke |
|---|---|
| 0 | Keine Wirkung |
| 1 | Schwache Wirkung |
| 2 | Mittlere Wirkung |
| 3 | Starke Wirkung |
| | **Stufen der passiven Wirkungsstärke** |
| 0 | Keine Wirkung |
| 1 | Schwache Wirkung |
| 2 | Mittlere Wirkung |
| 3 | Starke Wirkung |
| | **Stufen der Wirkungsdauer** |
| a | Sofort |
| b | Kurzfristig (max. 12 Monate) |
| c | Mittelfristig (max. 24 Monate) |
| d | Langfristig (mehr als 24 Monate) |

Um auf möglichst kurzem Weg zu einer zukunftsbezogenen und potentialorientierten Betrachtungsweise zu gelangen, könnte der Eigenverleger sowohl für sich selbst als auch für eventuelle Gesprächspartner bei einer Förderstelle eine Reihe von später bestimmt nützlichen Vorbereitungen treffen. Auf den ersten Blick scheint es so, als ginge es ausschließlich um harte Faktoren wie Business- und Finanzierungsplan. Obwohl es manchmal nicht so offen und direkt angesprochen wird, steht aber gerade in der Start- und Aufbauphase die Person des Eigenverlegers im Mittelpunkt. Da es in dieser Phase oft nur wenig Geschäftstätigkeit gibt und somit auch noch keine Erfolge vorweisbar sind, ist zu diesem Zeitpunkt die Gründerpersonalie das einzig Reale, was einer direkten Inaugenscheinnahme und Beurteilung zugänglich ist. Obwohl an sich die Geschäftsidee die Keimzelle aller Zukunftserfolge ist, werden viele Einschätzungen und Prognosen zunächst wohl eher über Rückschlüsse getroffen, die aufgrund von Eindrücken zur Person gewonnen werden.

Die Cluster für Einflussfaktoren können zusätzlich in Netze übersetzt werden. Die drei Eckpunkte eines Netzes werden jeweils durch die Bewertungsdimension Quantität, Qualität und Systematik abgebildet. Der äußere Rahmen eines Netzes = 100 % sollte also durch die jeweiligen Bewertungen eines Faktors möglichst weit ausgefüllt werden, d.h. im Idealfall würden die äußeren Linien des Netzrahmens mit den individuellen Bewertungslinien übereinstimmen. Sind die drei Bewertungsdimensionen eines Faktors in etwa gleich gut/schlecht ausgeprägt, so würde dies auf den ersten Blick auch durch ein in etwa gleichschenkeliges Dreieck deutlich. Bei einem in „Schieflage" erscheinenden Dreieck wäre auf einen ersten Blick sichtbar, dass zwischen den jeweiligen Bewertungsdimensionen ein Ungleichgewicht besteht:

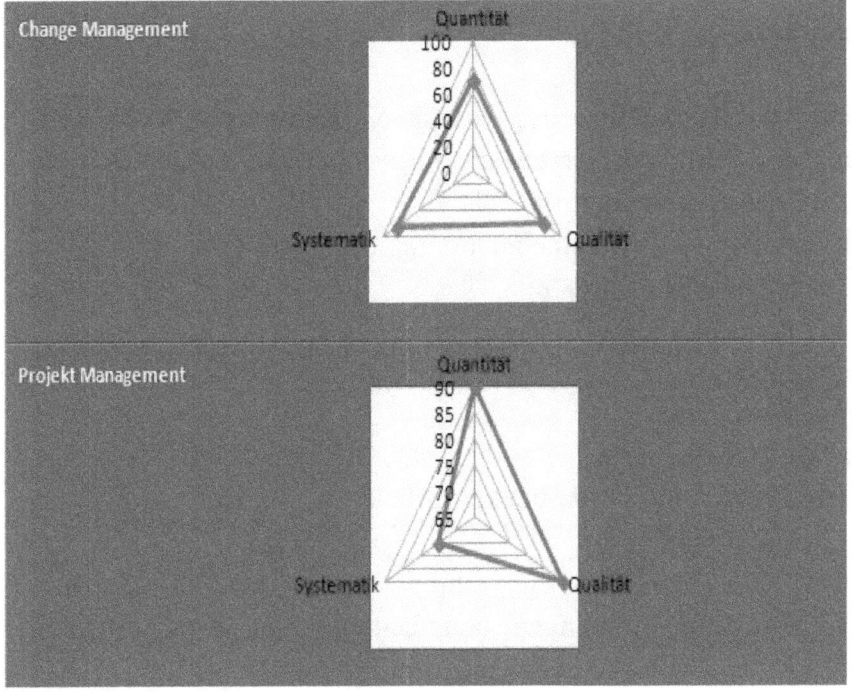

## Journalist und Mitglied im DJV

Der Begriff „Presse" wurde und wird als entwicklungsoffen angesehen: das Grundgesetz kennt keine Journalisten, Zeitungen oder Blogs. D.h. auch im Zusammenhang von neuen Medien gilt Presse. Für den „Journalisten" gibt es keine gesetzliche Definition.

Nach den Richtlinien des Deutschen Journalisten-Verbandes kann dort Mitglied werden, die folgende Kriterien des Berufsbildes erfüllt: hauptberuflich als
Arbeitnehmer/in, Arbeitnehmerähnliche/r oder
als Selbständige/r für
Printmedien,
Rundfunk,
digitale Medien,
Nachrichtenagenturen,
in der Presse- und Öffentlichkeitsarbeit,
im Bildjournalismus
tätig und an der Erarbeitung bzw. Verbreitung von Informationen, Meinungen und Unterhaltung durch Medien mittels
Wort,
Bild,
Ton
oder Kombination dieser Darstellungsmittel
beteiligt ist, und zwar vornehmlich durch
Recherchieren (Sammeln und Prüfen),

Auswählen und Bearbeiten der Informationsinhalte
eigenschöpferische medienspezifische Aufbereitung (Berichterstattung und Kommentierung)
Gestaltung und Vermittlung
disponierende Tätigkeiten im Bereich von Organisation, Technik, Personal.

Hauptberuflich ist, wer „mit seiner journalistischen Tätigkeit den überwiegenden Teil seines Lebensunterhaltes bestreitet (im Zweifelsfall auch, wenn er dén überwiegenden Teil seiner Arbeitszeit journalistischer Tätigkeit widmet. DJV-Mitglied kann auch sein/werden,
wenn man als arbeitsloser Journalist bei der Agentur für Arbeit gemeldet ist,
als früherer hauptberuflicher Journalist publizistisch arbeitet (Sofern man kein Arbeitseinkommen aus nichtjournalistischer Tätigkeit bezieht).

*Im Rating-Portfolio:* zwar hat man es bei einer Personalbilanz vorwiegend mit qualitativen, manchmal als „weich" abqualifizierten Faktoren zu tun. Größere Akzeptanz und Glaubwürdigkeit wird vielfach nur solchen Faktoren beigemessen, die Cent-genau gemessen werden können (z.B. Umsatz, Gewinn, Verlust). Mit der Personalbilanz wird angestrebt, diese beiden Werthaltungen miteinander auszusöhnen, indem auch für sogenannte „weiche" Faktoren Darstellungsformen gewählt wurden, wie sie in Planungs- und Managementsystemen üblich sind. Eine Personalbilanz bietet hierfür u.a. auch Portfolio-Instrumente an. In den nachfolgenden Grafiken werden deshalb Existenzgründerfaktoren im Rahmen einer 4-Felder-Matrix aufgezeichnet:

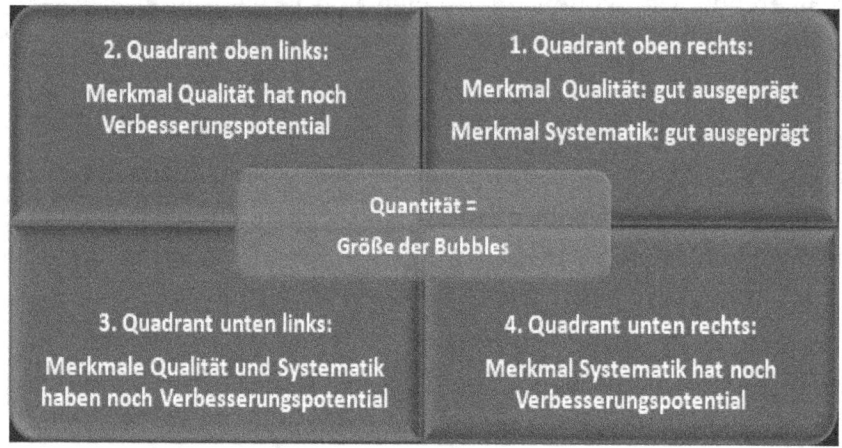

Größe des Bubbles zeigt die *Quantität* der Faktorengruppe an:
Lage des Bubbles im *1. Quadranten oben rechts*: die Faktor-Merkmale Qualität und Systematik sind gut ausgeprägt.
Lage des Bubbles im *2. Quadranten oben links*: für das Faktor-Merkmal Qualität besteht noch Verbesserungspotential.
Lage des Bubbles im *3. Quadranten unten links*: für die Faktor-Merkmale Qualität und Systematik besteht noch Verbesserungspotential.
Lage des Bubbles im *4. Quadranten unten rechts*: für das Merkmal Systematik besteht noch Verbesserungspotential.

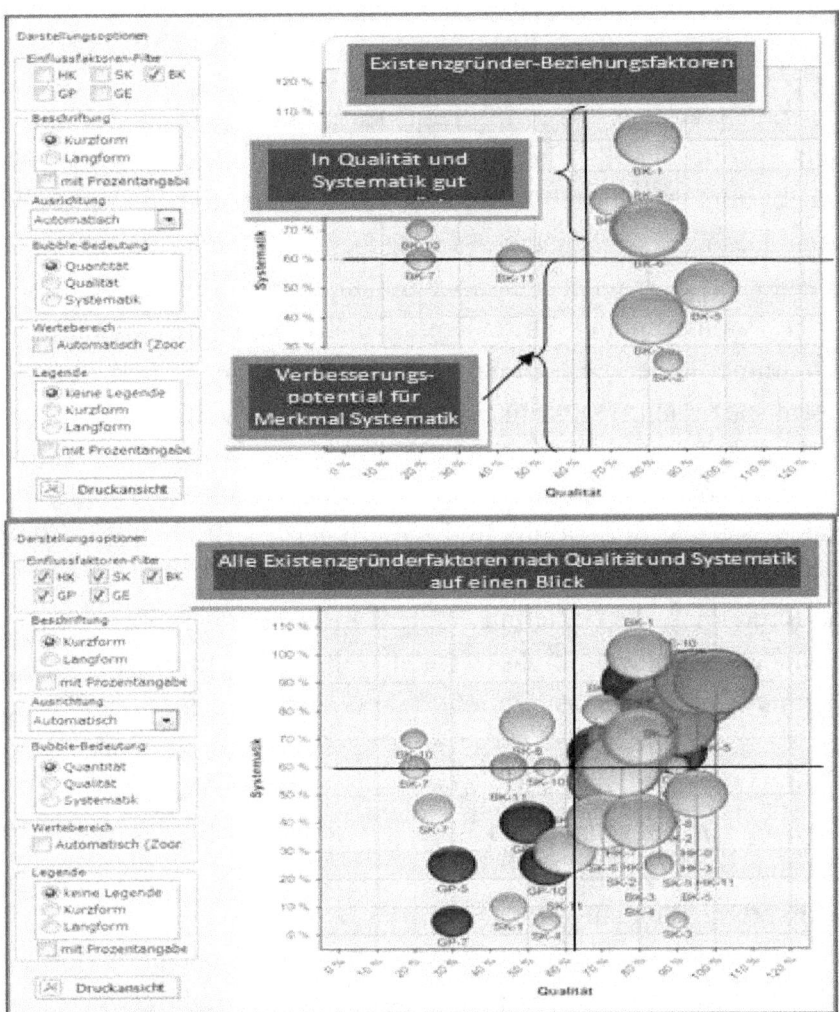

## Eigenverleger – kreativ sein ist alles was zählt

Der Eigenverleger ist Mitglied der Kreativwirtschaft. Als solches sollte er die besonderen Merkmale dieser Branche kennen und in seine Entscheidungen (wo nötig) einfließen lassen. Besonders in seinem ihn umgebenden Standortumfeld ist der Eigenverleger nicht nur Einzelperson oder –gruppe, sondern in der Wahrnehmung Dritter mit seinen Geschäftstätigkeiten auch immer einer bestimmten Branche zuordenbar und unter diesem speziellen Blickwinkel ansprech- und bewertbar.

*Ein Markt im ständigen Wandel begriffen:* Kaum eine andere Branche ist wie die Kultur- und Kreativwirtschaft einem derart starken Wandel unterworfen. Zum einen liegt dies bereits strukturell in der Vielfalt unterschiedlicher Teilbranchen begründet. Darüber hinaus wirken zahlreiche Einflüsse von innen und außen auf das Kräftefeld dieser Branche ein.

*Beispiel: Demografischer Wandel*
Übergang zur Wissensgesellschaft
Alterung der Bevölkerung
Bevölkerungsrückgang
Gewinner- und Verlierer-Standorte: neben klassischen Standortfaktoren wie Steueraufkommen, Erwerbstätigkeit, Infrastruktur u.a. gewinnen kreative Wertschöpfungsfaktoren wie Technologie, Talent, Toleranz u.a. an Bedeutung.
Der Wettbewerb der Standorte wird härter, die Leistungen der Kulturwirtschaft zählen mittlerweile zu den anerkannten

Standortfaktoren mit wirtschaftlichem Gewicht. Öffentliche Kulturförderungen werden als Zukunftsinvestitionen anerkannt. Rückläufige Einwohnerzahlen der Verlierer-Standorte führen dazu, dass vorhandene Bausubstanz und Infrastruktur nicht immer in vollem Umfang benötigt wird (Leerstand von Gebäuden und Gewerbeflächen, abnehmende Aufenthaltsqualität im öffentlichen Raum, negatives Image).

*Beispiel: technische und rechtliche Rahmenbedingungen*
Bibliotheken als subventionierte Informationshändler
Universitäten mit digitalen und kostenlosen Angeboten
Rundfunk- und Fernsehanstalten mit abgabenfinanzierten Kreativangeboten in Internet
Internetprovider mit digitalen Angeboten zum Download von kreativem Content
Digitalisierung und Internet fordern und ermöglichen neue Geschäftsmodelle. Auch fordern Kreative mehr Schutzrechte für Werbekonzepte und Fernsehformate. Mehr Urheberrechte in der gegenwärtigen Piraterie-Debatte sind jedoch nicht unumstritten: sie seien zwar verfassungsrechtlich als Eigentum geschützt. Doch dem stünde die Gemeinfreiheit gegenüber, also jedermanns Recht, Informationen zu nutzen.
Aber alles dies sind grundsätzliche Probleme, die ein lokaler Standort nicht oder kaum beeinflussen kann. Für einen rechtlichen Rahmen den Standort betreffend sind vor allem folgende Bereiche entscheidend:
Bauen und Nutzen
Veranstalten und Bewirten

Gewerbe betreiben
Mieten, Pachten, Nutzen

*Beispiel: örtliche Rahmenbedingungen*
Leerstand bietet Experimentierflächen und Möglichkeitsräume
Kleinstunternehmen der Kreativwirtschaft sind robuste Nutzer, die Räumlichkeiten mit ausstattungsmäßigen Mängeln akzeptieren
Die Akzeptanz befristeter Zwischennutzungen ist bei Kreativschaffenden besonders hoch

*Beispiel: Arbeitsbedingungen*
Kulturschaffende bewegen sich oft außerhalb herkömmlicher Arbeitsplatzformen
Verbreitet sind Mehrfachbeschäftigungen (Multi-Jobber)
Man legt sich mehrere Standbeine zu, um sich für das entscheiden zu können, das am besten „läuft"
Zweit-, Dritt-, Mini-, Projekt- und Teilzeit-Jobs werden auch in unterschiedlichen Branchen geleistet
Es finden temporäre Wechsel zwischen dem Status als Freiberufler, Angestellter und Kleinstunternehmer statt
Geregelte Arbeitszeiten sind eher selten
Die Grenzen zwischen Arbeits- und Freizeit, zwischen Produktion und Konsum verwischen

*Beispiel: Lebensbedingungen*
Der Kulturproduzent ist gleichzeitig Kulturkonsument
Private Termine sind zugleich Netzwerktreffen

Kontakte werden quasi nebenbei auch zu Akquisitionen
Offen gegenüber unterschiedlichsten Lebensstilen und Kulturen
Lehnen Zwänge, Routinen und Rollenvorgaben ab
Leben auch Widersprüche aus
Status und Karriere sind weniger wichtig
Nutzen intensiv Online-Angebote, Video- und Computerspiele
Haben großes Bedürfnis nach Kommunikation und Unterhaltung
Sind ständig auf der Suche nach etwas Neuem
Folgen Trends zur Individualisierung der Gesellschaft
Widersetzen sich Anpassungsdruck und bilden Formen einer Gegenkultur
Viele Kulturschaffende arbeiten am Rande des Existenzminimums
Die Arbeit an interessanten Projekten ist wichtig
Freiheit geht vor Sozialversicherungspflicht

## Kultur- und Kreativwirtschaft als Querschnittthema

Kultur- und Kreativwirtschaft sucht normalerweise Kontakt zum Kulturamt, fällt aber auch in den Zuständigkeitsbereich von Bauamt, Liegenschaftsamt oder Ordnungsamt, als Klientel der Wirtschaftsförderung tritt sie nur selten in Erscheinung

Kultur- und Kreativwirtschaft ist eng vernetzt mit ansässigen Hochschulen oder Bildungseinrichtungen

Angesichts der komplexen Fragestellungen fehlen den beteiligten Akteuren der Überblick oder eine allseits verstehbare Kommunikationsplattform und damit auch die Möglichkeiten, im Sinne ihrer jeweiligen Zielsetzungen zu handeln

## Geschichten erzählen

Erzählen ist nicht aus der Zeit gefallen oder nur etwas für Beduinenstämme oder Kindergärten. Den meisten von uns geht nicht um Zahlen, sondern um Erlebnisse und Ereignisse. Aus denen wir versuchen, eine Erzählung zu stricken. Die gut ausgeht, vielleicht aufregend ist oder einen Sinn ergibt. Indem wir uns so zu einem Teil von etwas Größeren machen, werden wir fähig unsere Kleinheit zu ertragen, Niederlagen zu überwinden.

Der moderne Mensch lebt in Formeln oder Zahlen. Es scheint nichts mehr zu geben, was sich nicht durch eine Abfolge von Nullen und Einsen ausdrücken ließe. Nicht alle besitzen genug Phantasie, aus sich heraus Erzählungen zu schaffen, die Erlebnisse und Ereignisse in einen größeren Zusammenhang zu stellen vermögen. So werden Leben auch manchmal zu Heldengeschichten umgedeutet. Und der Mensch erfindet sich eine Geschichte, die er für sein Leben hält.

Märchenstunde. Neben der Religion zählt die Politik zu einem der großen Erzähler. Um der menschlichen Existenz Sinn und sich selbst Legitimation zu verschaffen. Doch viele ihrer Erzählungen haben an Kraft eingebüßt. Auch weil unklar ist, wie die Geschichte ausgeht und wovon sie überhaupt handelt.

In der Diskussion geht es manchmal um einfache, jederzeit abrufbare Geschichten mit einigen dazu passenden, glaubwürdigen Argumenten. Die Karriere scheint vielen eher ein Rutschbahn nach oben. Ist sie aber nicht zwingend. Und der Geschichtenerzähler darf nicht zu einer Hülle ohne Haltung werden, die je nach Bedarf beliebige Rolle einnimmt.

*Attraktivität und Außensicht:* eine vielfältige und aktive Kunstszene erhöht die Standortattraktivität im Wettbewerb um gut ausgebildete und finanzkräftige Bevölkerungsgruppen sowie den Kulturtourismus. Hiervon wiederum profitieren Gastronomie- und Beherbergungsbetriebe.

*Innovationsfähigkeit und Kompetenzvorteile:* aufgrund der für die Kultur- und Kreativwirtschaft erforderlichen überdurchschnittlichen Innovationsfähigkeit beschaffen sich die Akteure einen entsprechenden Zugang zu Informationen mit hoher Qualität. Ausgeprägte Kommunikationsstrukturen verbreitern die Wissensbasis und fördern Lernprozesse.

*Zwischennutzung:* die Zwischennutzung von Gebäudeleerstand kann zu einer Aufwertung der entsprechenden Stadtquartiere führen
trägt zur Imageverbesserung bei
produziert Arbeitsräume für die Kreativszene
ist Initialzündung für Entwicklungsprozesse

Zwischennutzungen unterliegen den gleichen rechtlichen Regelungen wie Dauernutzungen. Es muss daher untersucht werden, ob der zu einer korrekten rechtlichen Absicherung erforderliche Aufwand aus der kurzfristigen Nutzung finanziert werden kann (beispielsweise könnten Auflagen für Brandschutz anstatt durch kostspielige bauliche Maßnahmen mit einfachen organisatorischen Vorkehrungen Genüge getan werden)

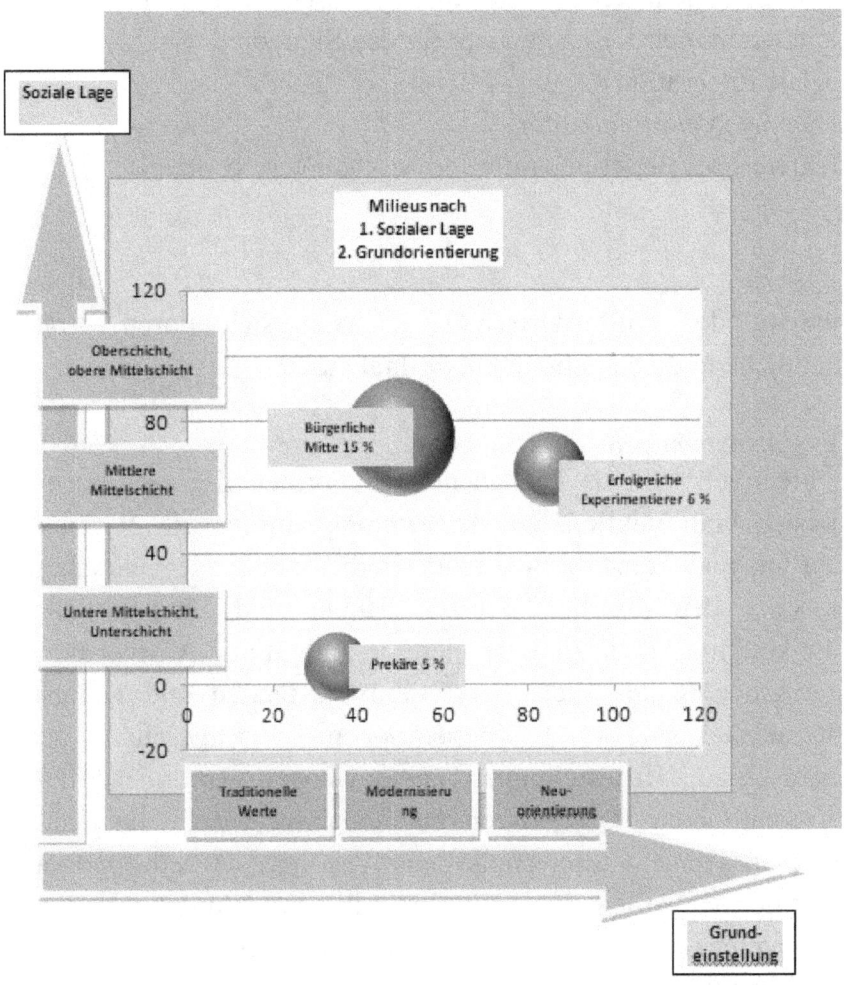

*Interdisziplinäre Kooperationsprozesse*
Entwicklung zu neuen Mischungen von Kulturschaffenden, Migranten, Handwerkern und alteingesessenem Gewerbe
Mehr persönliches Engagement für den Standort
Soziale Integration
Lebendige Quartierskultur
Mehrwert für Beteiligte aufgrund persönlicher Kontakte

*Lifestyle-Trends:*
Pioniere der Kulturwirtschaft zeichnen sich durch große inhaltliche und persönliche Flexibilität aus.

*Neue Arbeitsmodelle:*
In kreativen Milieus entstehen neue Formen der räumlichen, sozialen und funktionalen Verflechtung von Arbeit, Wohnen, Konsum und Freizeit. Bevorzugt werden fließende Übergänge zwischen Erwerbsarbeit, Freizeit, Hobby und ehrenamtlicher Tätigkeit. Im Arbeitsalltag spielen Flexibilität und Abwechslung eine große Rolle. Viele der Kulturschaffenden und Kleinstunternehmer sind durch Kooperationen, Tauschgeschäfte und gegenseitige Hilfestellungen miteinander verbunden. Die wirtschaftlichen Beziehungen untereinander beschränken sich nicht auf reine Zulieferfunktionen: es herrscht ein partnerschaftlicher Arbeitsstil mit freiwilligem Austausch von Informationen. Gegenseitige Inspiration und Kooperation schaffen ein angenehmes Arbeitsumfeld.

*Flexibilität und Lernfähigkeit:* häufige finanzielle Probleme zwingen Milieus der Kulturwirtschaft zu einem hohen Maß an Lernfähigkeit sowie der Fähigkeit auf veränderte Rahmenbedingungen schnell reagieren zu können. Nicht immer ist genau festzustellen, ob beispielsweise die räumliche Flexibilität von Kulturschaffenden selbst gewählt oder eine Reaktion auf die bestehenden Verhältnisse ist. Kreative siedeln sich mit unterschiedlichen zeitlichen Perspektiven an. Sie arrangieren sich mit Veränderungen ihres Umfeldes und richten sich immer wieder neu an solchen wechselnden Rahmenbedingungen aus.

## Titelwahl und Klickzahlen

Experten meinen herausgefunden zu haben, dass eine Publikation mit dem Titel „Geld zurück" die meisten Leser zur Lektüre anregen würde. Nur gibt es für einen Eigenverleger nicht genug Tatbestände, über die sich ein Buch mit diesem Titel veröffentlichen ließe. Hätte ein Eigenverleger mehrere Versionen seines Buches (beispielsweise mit verschiedenem Titel, verschiedenen Bebilderungen usw.) hergestellt, so könnte eine Software mit einem bestimmten Algorithmus vielleicht herausfinden, welche Variante seines Buches den größten Erfolg verspricht.

Angeblich hat es bei Lesern einen starken Effekt, wenn in einem Titel „Die wahren Gründe" für etwas mitgeteilt werden oder wenn der Titel mit dem Wort „Wie" beginnt. Einig sind sich Experten darüber, dass der Übergang zwischen der Präsentation einer Publikation und der Publikation selbst, zwischen Verpackung und Inhalt, fließend ist. Doch Klickzahlen potenzieller erkennen kaum den Unterschied zwischen Aufmerksamkeit und Substanz eines Buches. Weder werden damit Eigenheiten des Leseverhaltens noch Lesertypen genauer beschrieben.

In den riesigen abgeschöpften Datenmengen bleibt somit ein riesiger Spielraum für Variationen und Interpretationen. Ein Indikator für eine Einladung zur Lektüre ist noch lange kein

Indikator, der Auskunft über das voraussichtliche Lesen oder gar den Kauf eines Buches Auskunft geben könnte.

*Schöpferische Vielfalt mit Innovationsdynamik:* Grundlage für eine Analyse der Kultur- und Kreativwirtschaft ist zunächst einmal eine möglichst genaue Abgrenzung des Untersuchungsgegenstandes. Es wäre verfehlt, die Kultur- und Kreativwirtschaft mit den Augen eines Standortes lediglich als Imagefaktor zu sehen. Zwar ist sie auch das, aber darüber hinaus noch viel mehr: nämlich eine eigenständiges Wirtschaftsfeld mit einem außerordentlich hohen Innovationspotential. Neue Kommunikationstechnologien und Impulse für neue Technologievarianten finden hier ihre bevorzugten Nutzer, Anwender und Entwickler. Dabei erweist sich die Kultur- und Kreativwirtschaft als ein äußerst vielschichtiger Branchenkomplex mit einer fast verwirrenden Anzahl unterschiedlicher Facetten. Diesen allen gemeinsam ist eine Produktion, die im Wesentlichen aus Prototypen, Einzelfertigung und Kleinserien sowie nicht zuletzt immateriellen Produkten besteht. Geprägt wird dies alles von grundlegend verschiedenen Unternehmenstypen, die allesamt ihre eigenen Besonderheiten aufweisen.

Der schöpferische Akt ist das Bindeglied der verschiedensten kultur- und kreativwirtschaftlichen Aktivitäten. Die hergestellten Produkte und Dienstleistungen können literarische, musische wie auch architektonische Inhalte haben. Diese sind somit kulturell wie künstlerisch, d.h. immer sehr kreativ. Die gesamte Wertschöpfung liegt in Deutschland nach Angaben des

Wirtschaftsministeriums bei über 60 Milliarden Euro, was einem Anteil von 2-3 % am gesamten Bruttoinlandsprodukt beträgt. Damit läge die Kultur- und Kreativwirtschaft nach ihrem volkswirtschaftlichem „Euro-Gewicht" nicht weit hinter der Automobilindustrie und noch vor der Chemieindustrie. Von ihrem Image- und Unterhaltungswert her dürfte dieser Bereich ohne Konkurrenz sein. Gleiches gilt unter dem Aspekt des Erwerbs und Transfers von Wissen.

Die Kultur- und Kreativwirtschaft ist ein Hort der Beschäftigungschancen für Dienstleister, Selbständige und Freiberufler. In kaum einer anderen Branche werden speziell für Frauen derartige Möglichkeiten geboten. Da die Nachfrage trotz Krise nach künstlerischen und kreativen Inhalten steigt, haben wir es mit einer nachhaltigen echten Wachstumsbranche zu tun, deren häufig projektabhängige vernetzte Arbeitsformen auch für andere Wirtschaftsbereiche geradezu Modellcharakter haben können. Zu den Kernbranchen der Kultur- und Kreativwirtschaft zählen:
Musikwirtschaft
*Buchmarkt*
Kunstmarkt
Filmwirtschaft
Rundfunkwirtschaft
Markt für darstellende Künste
Designwirtschaft
Architekturmarkt
Pressemarkt

Werbemarkt
Software/Spieleindustrie

Selbst dieses sind wiederum ihrerseits nur Obergriffe für zahlreiche weitere Teil- und Untermärkte.

*Zur Musikwirtschaft zählen:*
Selbständige Musiker/innen, Komponist/innen
Musik- und Tanzensembles
Verlage von bespielten Tonträgern + Musikverlage
Theater-/Konzertveranstalter
Betrieb von Theatern, Opern, Schauspielhäusern u.a.
Sonstige Hilfsdienste des Kultur- und Unterhaltungswesens
Einzelhandel mit Musikinstrumenten und Musikalien

*Zum Buchmarkt zählen:*
Selbständige Schriftsteller/innen
Buchverlage
Einzelhandel mit Büchern

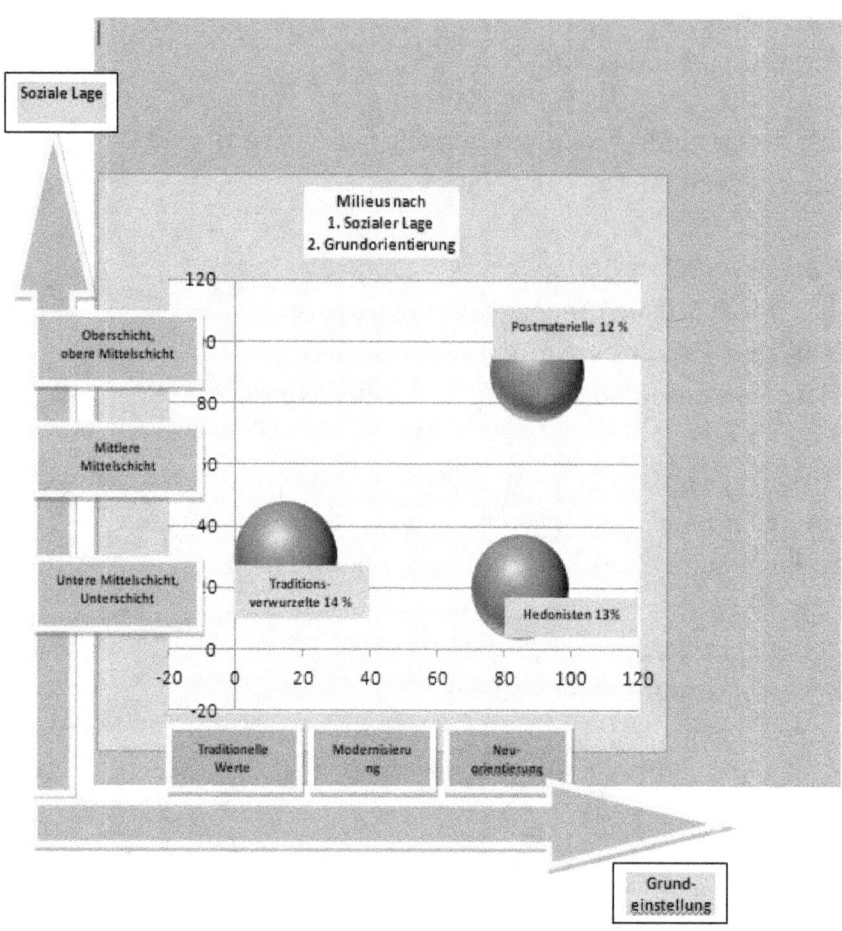

*Zum Kunstmarkt zählen:*
Selbständige bildende Künstler/innen
Kunsthandel (Schätzung)
Museum
Kunstausstellungen

*Zur Filmwirtschaft zählen:*
Selbständige Bühnenkünstler/innen
Film-/TV- und Videofilmherstellung
Filmverleih- und Videoprogrammanbieter
Kinos

*Zur Rundfunkwirtschaft zählen:*
Rundfunkanstalten
Hersteller von Hörfunkprogrammen
Hersteller von Fernsehprogrammen

*Zum Markt der darstellenden Künste zählen:*
Selbständige Bühnenkünstler/innen
Selbständige Artisten/innen
Theaterensembles
Theater-/Konzertveranstalter
Betrieb von Theatern, Opern, Schauspielhäusern u.a.
Varietés und Kleinkunstbühnen
Tanzschulen
Weitere Kultur-/Unterhaltungseinrichtungen (Zirkus, Akrobaten, Puppentheater)
*Zur Designwirtschaft zählen:*
Industriedesign
Produktdesign
Modedesign
Grafikdesign
Kommunikationsdesign
Werbegestaltung

*Zum Architekturmarkt zählen:*
Architekturbüros für Hochbau und Innenarchitektur
Architekturbüros für Orts-, Regional- und Landesplanung
Architekturbüros für Garten- und Landschaftsgestaltung

*Zum Pressemarkt zählen*:
Selbständige Journalisten
Korrespondenz- und Nachrichtenbüros
Verlegen von Adressbüchern
Zeitungsverlag
Zeitschriftenverlag
Sonstiges Verlagswesen

*Zum Werbemarkt zählen:*
Werbung/Werbegestaltung
Werbung/Werbevermittlung

*Zur Software- und Gamesindustrie gehören*:
Verlegen von Software
Softwareentwicklung
Softwareberatung
*Zu den Sonstigen zählen:*
Selbständiger Restaurator/innen
Bibliotheken/Archive
Betrieb von Denkmalstätten
Botanische und zoologische Gärten
Naturparks
Schaustellergewerbe und Vergnügungsparks

In dieser schöpferischen Vielfalt von Teilmärkten verdienen in Deutschland nahezu eine Million Menschen (sowohl selbständig als auch abhängig beschäftigt) ihr Brot. Volkswirtschaftlich betrachtet nimmt die Kultur- und Kreativwirtschaft damit im direkten Zahlenvergleich der sozialversicherungspflichtigen Arbeitsplätze immerhin einen –manchmal allerdings weithin unbeachteten- Mittelplatz ein und liegt damit noch vor solchen gemeinhin als höher eingestuften Branchen wie Chemieindustrie oder Energieversorgung.

Jeder Standort, der auf eine lebendige Künstler-, Kultur- und Kreativszene verweisen kann, kann sich eigentlich nur glücklich schätzen. Werke und Leistungen der Schriftsteller, Komponisten, Musiker, Bühnenkünstler, Journalisten, Filmemacher und so fort lassen sich als Vielfaltsproduktion umschreiben ohne die keine Filmfirma, kein Musikkonzern, kein Verlag oder Galerist etwa s zu verwerten und zu verbreiten hätte. Alle diese Berufsgruppen haben es gelernt, sich in einem komplizierten Wirtschaftsumfeld mit neuen Technologien zurecht zu finden.

Auch diejenigen, die einen zu geringen Frauenanteil am Wirtschaftsleben beklagen, können an der Kultur- und Kreativwirtschaft ihre helle Freude haben. Denn Frauen sind dort in fast allen Teilmärkten stärker als Männer vertreten. Während auf die Gesamtwirtschaft bezogen weniger als 10 % der Frauen als Selbständige registriert werden können, liegt dieser Anteil im Bereich der Kultur- und Kreativwirtschaft über 40 %.

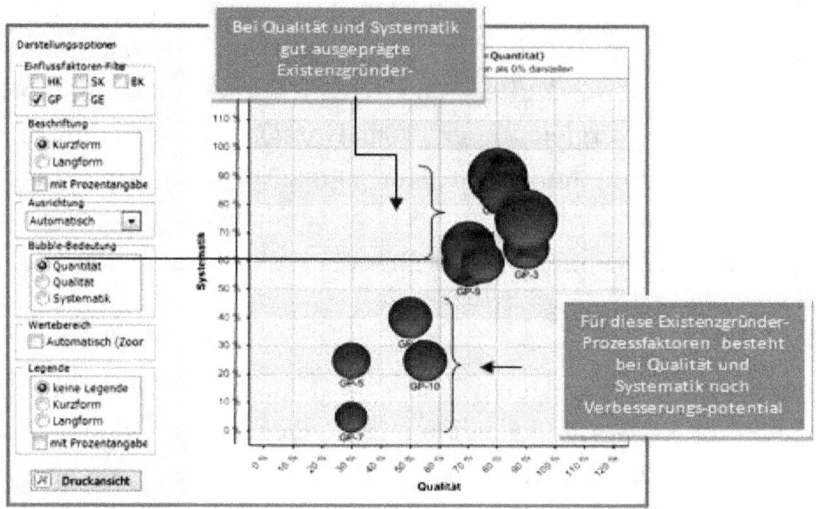

Insgesamt erwirtschaften in der Kultur- und Kreativwirtschaft über 230.000 Unternehmen und Selbständige ein Umsatzvolumen von über 130 Milliarden Euro. Großunternehmen findet man sowohl in der Rundfunkwirtschaft als auch im Buch- und Pressemarkt. Die wichtigsten Märkte für Kleinstunternehmen sind nach Feststellung des Bundeswirtschaftsministeriums der Kunstmarkt, der Markt der darstellenden Künste, die Designwirtschaft und der Architekturmarkt. Einige Kennzahlen zur Gesamtbranche der Kultur- und Kreativwirtschaft (Quelle: Bundesministerium für Wirtschaft und Technologie). Die Ökonomisierung unserer Kultur hat zur Folge: wenn Experiment und Risiko nicht in Produkte verwandelt werden können, die von Kunden wahrgenommen und nachgefragt werden, finden sie nicht mehr statt. Kultur wird in der heutigen Zeit mehr und mehr von Massenmedien gemacht, die als Multiplikatoren und Resonanzkörper wirken. Zwischen dem Preis eines Werkes und dem Bekanntheitsgrad oder Image eines Künstlers besteht ein enger Zusammenhang.

## Autorenerfolge - zunehmende Professionalisierung der Selfpublisher

Jedes Buch hat seine eigene DNA. Dennoch gibt es einige mehr oder weniger allgemeingültige Erfolgsfaktoren wie beispielsweise die Titelwahl oder jene „Magie des ersten Satzes". Manche Erfolge scheinen dem Leitbild zu huldigen: „je blöder desto Bestseller". Der Vergleich von Verlagswesen und Selfpublishing erinnert an das sprichwörtlich grünere Gras auf der jeweils anderen Seite: hier das Prestige und die professionelle Unterstützung, dort die große Freiheit und die höheren Tantiemen. Laut einer Studie von Books on Demand sind es in Europa mehr als zehn Prozent der Autoren, die vom Schreiben als Selfpublisher leben können. Die zunehmende Professionalisierung der Selfpublisher trägt zu diesem Erfolg bei. Nach groben Schätzungen von Marktbeobachtern gibt es in Deutschland etwa 75.000 Selbstverleger. Seit 2013 hat die Konkurrenz zugenommen, für Neuankömmlinge sind diese keine goldenen Zeiten.

Unter den in Verlagen publizierenden Autoren gibt es Bestsellerphänomene wie die Erfolgsgeschichte von Enid Blyton: mehr als 750 Bücher und zehntausend Kurzgeschichten (weltweit übersetzt). Besonders im neunzehnten Jahrhundert war es verbreitet, dass Bestsellerautoren mit Helfern arbeiteten, die lediglich hinskizzierte Handlungsstränge ausführten. „Das wurde nicht als ehrenrührig angesehen, schließlich stand es in der Tradition der bildenden Kunst, als Handwerk in einer

Werkstatt betrieben: Einer legt das Altarbild an und malt Christus am Kreuz, seine Gesellen kümmern sich um Faltenwurf und Hintergrund".

Für manche Erfolgsautoren gilt als Strategie: niemals ein Erfolgsrezept variieren, sondern es immer wieder aufkochen.

Auch der Buchmarkt ist innerhalb der bereits sehr heterogenen Kultur- und Kreativwirtschaft noch kein in sich homogener Teilmarkt. Er ist vielmehr in sich genauso zersplittert und enthält zumindest ebenso viele Unterschiedlichkeiten als da beispielsweise sind:
Sachbuch- und Fachverlage
Kunstverlage
Wissenschaftliche Verlage
Publikumsverlage
Belletristik-Verlage
Kinder- und Jugendbuchverlage
Ratgeber
Hörbuch-Verlage
Buchhändler in allen Schattierungen
Verlagsauslieferungen
Zwischenbuchhändler
Presse-Grosso
Andere Dienstleister

Die Zukunft hat bereits begonnen: mehr als jedes zehnte Buch wird über einen Online-Buchhändler gekauft. Die Vertriebswege

für digitale Produkte (Hörbücher, E-Books) wachsen geradezu rasant. Zudem ermöglicht die Digitalisierung Plattformen für neue Geschäftsmodelle:
Der Buchmarkt umfasst insgesamt mehr als 14.000 Unternehmen
Der Umsatz der Branche wird auf 15 – 16 Milliarden Euro geschätzt, der von ca. 79.000 Erwerbstätigen erwirtschaftet wird
Es gibt ca. 2.700 Buchverlage, die mit ca. 40.000 Erwerbstätigen einen Umsatz von etwa 11 Milliarden Euro erzielen.
Es gibt ca. 5.000 Einzelhandelsunternehmen mit 32.000 Erwerbstätigen, die einen Umsatz von etwa 4 Milliarden Euro erzielen.
Über 90 % der Buchmarktunternehmen sind zu den Kleinstunternehmen (Jahresumsatz < 2 Mio Euro) zu zählen; diese erzielen aber nur ca. 30 % des Gesamt-Branchenumsatzes
6.500 selbständige Schriftsteller erzielen einen Umsatz von etwa 500 Millionen Euro

Die Zukunft des Marktes dürfte mit davon abhängen, wieweit es gelingt, sich im schnelllebigen Feld der Digitalisierung zu behaupten, hierfür geeignete Preismodelle zu entwickeln und das Urheberrecht unbeschadet zu schützen. In diesen Zusammenhang gehört auch das Thema E-Books, das für die mit digitalen Medien groß gewordene „next generation" zu den Selbstverständlichkeiten des täglichen Gebrauchs zählen dürfte.

| Kreative | Umsatz/Wertschöpfung |
|---|---|
| Die klassischen Rollen der beteiligten Akteure im Buchmarkt haben sich verändert, ohne bereits festen Grund unter den Füssen gefunden zu haben | Wird das Urheberrecht zurück gedrängt, könnten Verlage und Buchhändler an Bedeutung verlieren. Es gibt noch viele ungeklärte Rechtsfragen |
| **Marktstruktur** | **Tätigkeitsmerkmale** |
| Aufgrund von Digitalisierung, Internet u.a. kommen neue Akteure hinzu, wie z.B.<br>- Bibliotheken als subventionierte Informationshändler<br>- Rundfunk- und Fernsehanstalten mit abgabenfinanzierten Kreativangeboten<br>- Internetprovider mit teilweise illegalen Downloadangeboten | - Rechtliche-ökonomische Rahmenbedingungen im Wandel<br>- Mentalität digitaler Selbstbedienung<br>- Neue Vertriebskonzepte: Der Verkauf von E-Books erfolgt über andere Strukturen als der von Printprodukten<br>- Es kommen neue Wettbewerber aus anderen Branchen an den Markt |

Im Zeitalter der „Internet-Piraterie" ist vieles anders geworden, nach Meinung der Betroffenen wenig oder nichts besser geworden:
Neue Geschäftsmodelle für legale Angebote haben mit erheblichen Schwierigkeiten zu kämpfen.
Internet und Digitalisierung haben eine markante Verschlechterung der Rahmenbedingungen bewirkt.
Aufbau von Professional Communities zur Bereitstellung digitaler Contents
Abo-Flatrate für Nutzung einer Vielzahl von Quellen
Neben einer Lösung der ungeklärten Rechtsfragen sind erhebliche Investitionen in den Technologiewandel erforderlich.

Da man immer mehr davon ausgehen muss, dass potentielle Nutzer nicht mehr jedes einzelne digitale Produkt auf seine Brauchbarkeit hin prüfen kann und kaufen möchte, soll ihnen im Rahmen neuer Geschäftsmodelle eine Vielzahl von Quellen angeboten werden, die über einen Pauschalpreis abgegolten werden können. Ein wenig wird man dabei an Angebote aus der Nachkriegszeit wie beispielsweise Wundertüten oder Briefmarken im Paket erinnert. In welchem Umfang dann welche Quelle wie benutzt wird, bleibt dann dem Flatrate-Bezieher anheim gestellt. Mittlerweile gibt es eine eigene Branchen-Plattform im Internet, über die Verlage ihre Buchinhalte weltweit recherchierbar und als E-Book handelbar machen können (www.libreka!.de). Auch bei dem für Wissenschafts- und Fachverlage wichtigen digitalen Dokumentenversand gibt es eine Zusammenarbeit zwischen

Verlagen und Bibliotheken (subito e.V.). Weiter absehbare Entwicklungen:

Autoren können ohne den Zwischenschritt von Verlag und Buchhandel direkt an den Konsumenten verkaufen

Der Anteil digitaler Produkte wird weiter zunehmen

Es werden heute noch unbekannte Geschäftsmodelle entstehen

Ein verändertes Kundenverhalten wird zur Konzentration (Sortimentsbuchhandel) und neuen Vertriebsformen im Buchhandel beitragen. Die Warengruppenanteile verschieben sich weg vom Fachbuch hin zum allgemeinen Sortiment.

Das Internet kann in der engen Verzahnung von lokalen Geschäften und Online-Shop Chancen eröffnen.

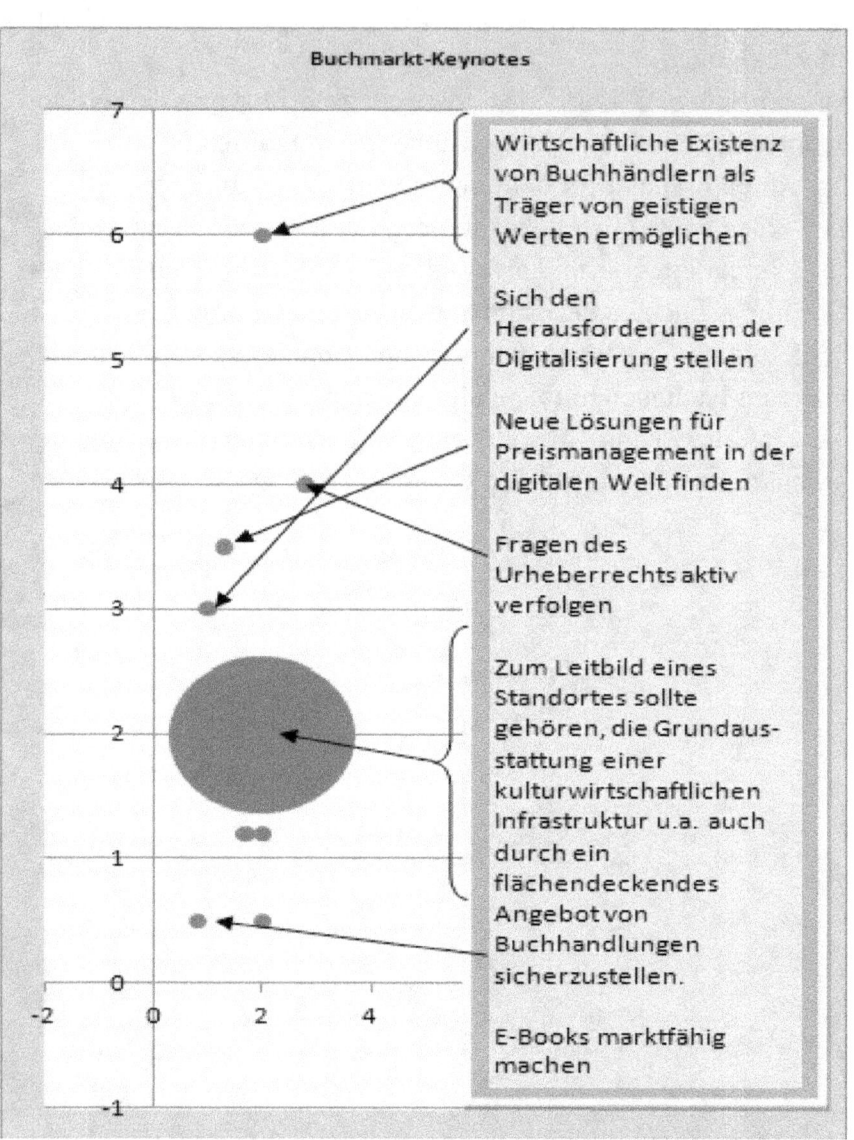

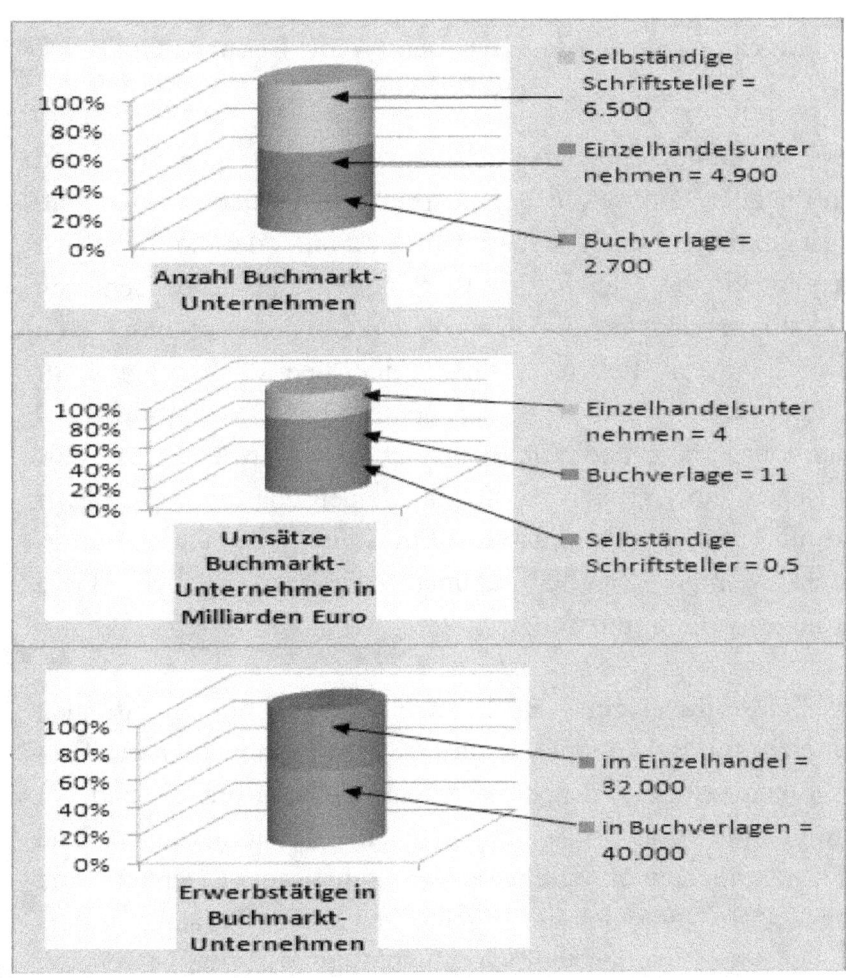

## Eigenverleger ohne Feierabend – mit Büchern Geld verdienen

Das Idealbild manchen Eigenverlegers, Künstler und Schriftsteller sein zu dürfen, entspricht selten der Wirklichkeit. Es ist ein harter Broterwerb ohne Feierabend oder die Sicherheit eines Tariflohns. Gleichzeitig ist es der Zwang zur pausenlosen Produktivität sowie die Unmöglichkeit der Trennung von Berufs- und Privatleben. Wenn Politiker über das Buchgeschäft reden, über nehmen sie gerne das Selbstbild der Traditionsverlage und schmücken es eher schwärmerisch aus. Im Namen einer großen Passion, als leidenschaftlicher Vielleser und mit künstlerischem Habitus. Ein Traum, den sich allerdings immer weniger erfüllen können, die mit Büchern Geld verdienen wollen (müssen).

Das Selbstbildnis eines Büchermachers aus Leidenschaft mag vielleicht für Bohemiens obligatorisch sein. Für das harte Brot des Eigenverlegers braucht es jedoch wirtschaftliches, und vor dem Hintergrund von dramatischen Markteinbrüchen und Marktumbrüchenvor allem auch strategisches Denken und Handeln. So steht auch der Eigenleger vor dem Paradoxon, dass Bücher teurer werden müssen, obwohl sie noch nie so schnell, billig und schön hergestellt werden konnten. Ein Verleger sagte einst, dass ein Buch immer so viel wie ein Schuh kosten müsse. Schaut man sich jedoch um, so tragen viele Menschen Schuhe, die ein Vielfaches des gebundenen Ladenpreises von zwei (oder mehr) Titeln eines Eigenverlegers kosten.

*„Trüffelschwein"-Faktoren*

Besondere Lagequalitäten von Liegenschaften werden zuerst von jungen Kreativen entdeckt. Bislang vernachlässigte Liegenschaften erfahren aufgrund von Kreativaktivitäten mehr Aufmerksamkeit.

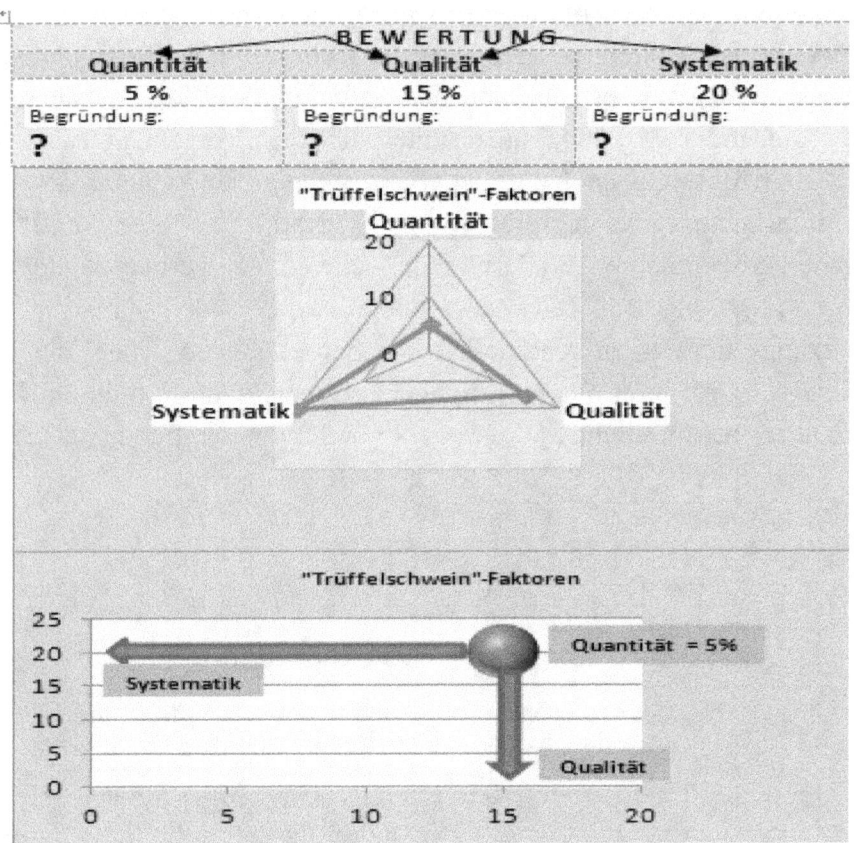

Akteure der Kulturwirtschaft agieren als „Raumpioniere" oder „Kultursiedler". Beispielsweise werden leerstehende Ladenlokale oder Brachflächen mit kreativen Aktivitäten zu neuem Leben erweckt. Leerstand = Ressource: Folgen von Abwanderungen, Bevölkerungsrückgang und damit geringer Nutzungsintensität (z.B. Ladenleerstand in Erdgeschosszonen mit einer Negativimage-Abwärtsspirale, Zeichen der Verwahrlosung, steigenden Kosten der technischen und sozialen Infrastruktur) werden gemildert und aufgefangen. Eine Nutzung leer stehender Gebäude auch unterhalb des Mietzinsniveaus (z.B. Überlassung an Kulturschaffende gegen Übernahme der Betriebskosten) kann diese vor Verfall bewahren und Sicherheitsprobleme mindern. Für schwer zu vermarktende Immobilien kann Zeit gewonnen werden bis hierfür Nutzungsalternativen entwickelt werden können. Über die Ausgestaltung ihrer Planungshoheit entscheidet die Kommune mit über eine mögliche Standortwahl von Kulturschaffenden.

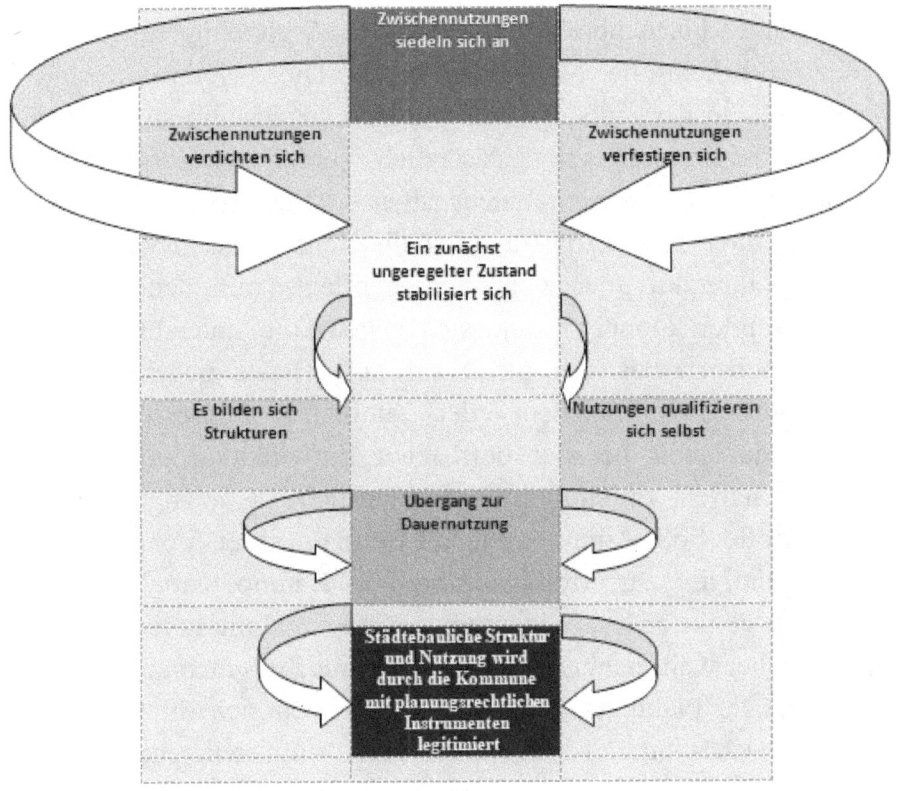

Akteure der kleinen Kulturwirtschaft eignen sich im Vorfeld von Stadt- und Standortentwicklungen preiswerte Räume an und formen diese beispielsweise zu Ateliers, Werkstätten u.a. um. Durch Verbindungen beispielsweise zu Ballungszentren, Hochschulstandorten u.a. kann die für die Bildung eines Milieus notwendige Mindestgröße („kritische Masse") überschritten werden. Die Zwischennutzung von Liegenschaften und ungeplante Flächenbesiedlung erfolgt gleichzeitig mit einer Netzwerkbildung der Kulturschaffenden. Diese Netzwerke sind aus sich selbst organisierenden und sich gegenseitig stützenden Milieus zusammengesetzt. Zusätzlich werden Standortgemeinschaften mit unternehmensnahen Dienstleistern (z.B. Steuerberater, Rechtsanwälte, spezielle Handwerker) ergänzt. Es werden interaktive Beziehungen gepflegt, mit denen man untereinander kooperiert und sich gegenseitig unterstützt. Die Kontaktformen basieren meist auf einer Basis gegenseitigen Vertrauens mit gleichen oder ähnlichen Interessen. Die Kommune spielt bei der befristeten Entwicklung geeigneter Liegenschaften durch kulturwirtschaftliche Nutzungen eine große Rolle. So hat die kommunale Seite mit ihren Vorschlägen und Initiativen zur Mobilisierung von Raumpotentialen eine wichtige Funktion. Als Eigentümer verfügen Kommunen zudem bereits über weitreichende Erfahrungen mit Zwischennutzungen. Kommunale Planungsverantwortliche kennen sich oft sehr gut mit den besonderen Problemen der kulturwirtschaftlichen Nutzer aus. Die Kommune handelt nicht nur als Eigentümer ihrer Liegenschaften, sondern gleichzeitig auch immer im gesamtstädtischen Auftrag. Für die Stadtentwicklung insgesamt spielen daher immer auch politische Vorstellungen eine Rolle. Prinzipiell ist der Handlungsspielraum einer Kommune größer als der eines privaten Eigentümers.

Aufgrund ihres Selbstverständnisses als Künstler wenden sich Kulturschaffende mit ihren Anliegen eher an das Kulturamt als an die Wirtschaftsförderung des Standortes. Bei der Vermittlung von Arbeitsräumen und Produktionsstätten sind die Möglichkeiten des Kulturamtes im Vergleich zur Wirtschaftsförderung aber eher begrenzt. Um Vielfalt und Qualität des kulturellen Angebots sicherzustellen, müssen die kommunalen Förder- und Vermittlungseinrichtungen ein Augenmerk auf die wirtschaftliche Stabilität der Kleinstunternehmen haben. Betriebswirtschaftliche Beratung wäre ebenfalls eher von der Wirtschafts- als von der Kulturförderung zu leisten.

## Eigenverleger auf Stilsuche

„Noch so schön aneinandergereihte Satzgefüge mit feinster Wortwahl und edelstem Lautwohlklang sind tönendes Erz und hohe Schelle", Wenn ein Sach- oder Fachbuch nicht seinen Zweck erfüllt, nämlich Inhalte und Wissen zu vermitteln. Insofern gibt es keinen guten Stil an sich, sondern es gibt nur einen zweckmäßigen oder eben nicht zweckmäßigen Stil. Denn warum wird überhaupt geschrieben? Bestimmt nicht darum, ein Kunstwerk zu erzeugen. Sondern ein Fachbuchautor möchte in erster Linie doch seine Gedanken- und Wissenswelt so vollkommen wie möglich auf den Leser übertragen. In der Fülle der möglichen Stilmittel steht somit an oberster Stelle immer der Grundgedanke der Zweckmäßigkeit. „Ob im einzelnen Falle dichterischer oder prosaischer Stil, feierlicher oder alltäglicher, ernster oder heiterer, stiller oder bewegter, schlichter oder geschmückter Stil vorzuziehen, ist einzig nach dem Zweck des Schreibenden und seiner Schrift zu entscheiden".

Am schwersten ist das Schreiben zu einer großen, but zusammengesetzten Leserwelt. Es gilt das Unmögliche zu vollbringen: Wissen und Gedanken in eine Form zu gießen, durch die sie den Weisesten und den Einfältigsten, den Greisen und den Jünglingen, den Männern und den Frauen gleichermaßen verständlich zu machen sind. Welche Trübungen schieben sich schon zwischen die eigenen Gedanken des Autors und seine hierfür gewählte Ausdrucksform. Jedes Begriffswort einer Sprache hat so viele mehr oder minder verschiedene

Widerklänge, wie es Leser gibt. Es gilt, durch den Zusammenhang jeder Wortgruppe, der Sätze, durch das Verknüpfen von Sätzen zu Absätzen zu einem schriftlichen Ganzen, den Leser dazu bringen, genauso zu denken, wie man selbst gedacht hat. Unbeholfenheit des Ausdrucks, Schwerfälligkeit des Satzbaus, Verworrenheit im Ordnen der Gedanken: alles dies lässt sich verbessern und beheben. Wenn nur die Inhalte als solche stimmen. Um gut zu schreiben, muss man im Besitz des Gegenstandes sein. Was man selbst nicht weiß oder wissen kann, wird auch in seiner Darstellung immer nebelhaft sein.

Kein Mensch spricht wie ein anderer, wie sollte da ein Schreiber anders als ganz persönlich schreiben? Selbst der schlechteste Autor hat seinen ganz persönlichen Stil (so wie jeder Mensch seine eigene Nase, seinen eigenen Fingerabdruck hat). Es gibt also immer nur einen subjektiven Schreibstil. Denn hinter jedem Text steckt das menschliche Subjekt, das die Feder (Tastatur) geführt hat. Ansonsten könnte man nur so etwas wie Logarithmentafeln als Erzeugnis eines objektiven Stils ansehen.

*Akteure so verschieden wie ihre Wertmaßstäbe:* Handlungsmotive, Wertvorstellungen und Lebensorientierung der Kultur- und Kreativmilieus decken ein breites Spektrum ab, von den „Experimentalisten" bis hin zu einer „Lifestyle-Avantgarde":
Offen gegenüber unterschiedlichsten Lebensstilen und Kulturen
Lehnen Zwänge, Routinen und Rollenvorgaben ab
Leben auch Widersprüche aus

Sind ständig auf der Suche nach etwas Neuem
Folgen Trends zur Individualisierung der Gesellschaft
Widersetzen sich Anpassungsdruck und bilden Formen einer Gegenkultur
Obwohl kreativwirtschaftliche Aktivitäten meist wichtige Komponenten unternehmerischen Handelns (z.B. eigenständige Entwicklung von Projekten, Bereitschaft wirtschaftliche Risiken einzugehen) in sich vereinen, wollen Kreative sich manchmal nicht als Unternehmer verstehen (distanzierte Haltung gegenüber Schlipsträgern)

Will man solche „Patchwork-Biografien" für Ziele einer Stadt- und Standortentwicklung gewinnen (manchmal auch ausnutzen), sollte man sich sehr genau mit solchen unterschiedlichen, teilweise auch widersprüchlichen Facetten der Kultur- und Kreativwirtschaft auseinandersetzen. Die Motive für einen Bezug vernachlässigter Liegenschaften können somit sehr unterschiedlicher Natur sein: was für den einen vielleicht Nischen und Rückzugsräume zum Ausstieg aus etablierten Lebensbildern sein mögen, sind für den anderen vielleicht „Residualräume" zum Aufbau von Parallelexistenzen oder Sprungbretter für eine neue Karriere. Allen gemeinsam ist aber die Suche nach Möglichkeiten zur aktiven Mitgestaltung ihres Umfeldes, mit denen nicht nur ihr eigenes Umfeld, sondern das Quartier als Ganzes und somit letztlich auch die Stadt- und Standortentwicklung vorangebracht werden soll. Oft geht die Beschaffung von Wohnraum Hand in Hand mit Networking.

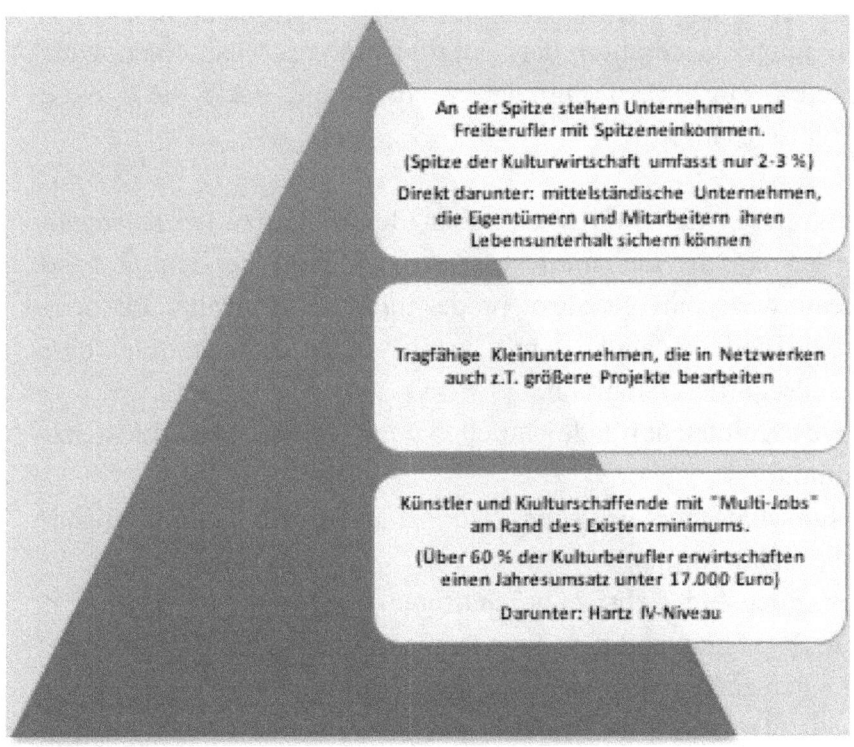

Um ihren Lebensunterhalt beispielsweise als Schriftsteller, Filmemacher, Designer u.a. bestreiten zu können, müssen zunächst einmal „virtuelle Klinken" geputzt werden: d.h. vorab Referenzprojekte entwickelt werden, anhand derer Fähigkeiten präsentiert werden können. Ohne hierbei immer einem festen Plan zu folgen wird Neues ausprobiert und experimentiert.
Persönliche Ungebundenheit hat Vorrang
Die Arbeit an interessanten Projekten ist wichtig
Freiheit geht vor Sozialversicherungspflicht

Die junge Generation der „Digital Natives" hat einen ganz anderen Zugang zu digitalen Medien und nutzt diese ohne Berührungsängste

Aufgrund seiner Zwänge zu hoher Flexibilität, zu lebenslangem Lernen u.a. ist der spezifische Arbeitsmarkt der Kultur- und Kreativwirtschaft geradezu prädestiniert als Vorreiter für neue Arbeitsmodelle und damit auch nicht zuletzt für eine Gesellschaft im Umbruch.
Viele Kulturschaffende arbeiten am Rande des Existenzminimums
Kulturschaffende bewegen sich oft außerhalb herkömmlicher Arbeitsplatzformen
Verbreitet sind Mehrfachbeschäftigungen (Multi-Jobber)
Man legt sich mehrere Standbeine zu, um sich für das entscheiden zu können, das am besten „läuft"
Zweit-, Dritt-, Mini-, Projekt- und Teilzeit-Jobs werden auch in unterschiedlichen Branchen geleistet
Es finden temporäre Wechsel zwischen dem Status als Freiberufler, Angestellter und Kleinstunternehmer statt
Geregelte Arbeitszeiten sind eher selten
Die Grenzen zwischen Arbeits- und Freizeit, zwischen Produktion und Konsum verwischen
Der Kulturproduzent ist gleichzeitig Kulturkonsument
Private Termine sind zugleich Netzwerktreffen
Kontakte werden quasi nebenbei auch zu Akquisitionen

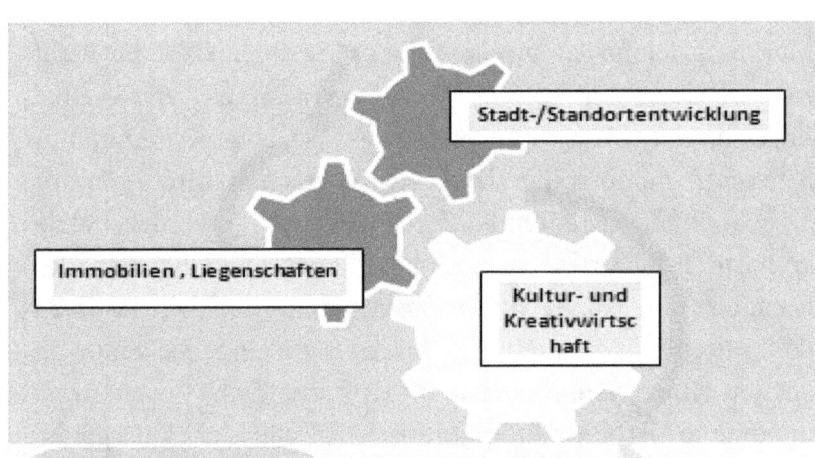

| | |
|---|---|
| **Nutzung von Leerständen** | • Werber, Graphiker, Designer, Künstler u.a. können einen Standort durch Raumnutzung mit Öffentlichkeitwirkung neu beleben.<br><br>• Einzelhandel und Kleingewerbe können durch dadurch erhaltene Impulse profitieren |
| **Positives Profil und Ausstrahlung des Standortes** | • Junge kreative Szene setzt Entwicklungs- und Aufwertungsprozesse in Gang, von denen der Standort einschließlich der umgebenden Region profitierten kann.<br>• Kreative Szene initiert vielseitige Wechselbeziehungen und bewirkt soziale und ökonomische Stabilisierung |

Ein Merkmal solcher kreativen Milieus ist auch, dass sie nicht geplant werden, sondern mehr oder weniger von selbst entstehen. Ist ein solcher Entstehungsprozess aber erst einmal in Gang gekommen, so sollte er von der Wirtschaftsförderung mit allen gebotenen Möglichkeiten „gepflegt" werden. Die Kreativwirtschaft „erfindet" und begünstigt neue Formen der funktionalen und sozialen Arbeitsverflechtung. Im Rahmen projektbezogener Kooperationen bilden sich eine Vielzahl von informellen Kontakten. Für viele im Kulturbereich Beschäftigte sind geregelte Arbeitszeiten aufgrund fließender Übergänge zwischen Erwerbsarbeit, Freizeit, Hobby oder ehrenamtlicher Tätigkeit eher selten. Die Akteure der Kultur- und Kreativwirtschaft sind für ihre Event-, Zwischen- und Dauernutzungen oft gerade an solchen Arealen und Liegenschaften interessiert, die zwar ein ausgeprägtes urbanes Potential aufweisen, deren Verwertung nach rein marktwirtschaftlichen Kriterien jedoch Schwierigkeiten bereitet. Sich hierin ungeplant entfaltende Aktivitäten nutzen solche Möglichkeitsräume als Experimentier- und Erprobungsflächen. Idealerweise stehen dort wie sonst nirgendwo Einrichtungen wie beispielsweise Laderampen oder stützungsfreie Räume (Ausstellungen) zur Verfügung. Lange Zeit vernachlässigte Liegenschaften können in einen Prozess der Aufwertung überführt werden (Ladenleerstand in Erdgeschosszonen kann zum „trading-down" mit negativer Abwärtsspirale führen). Nicht ganz uneigennützig spricht man aus Sicht der Standortentwicklung auch von jungen Kreativen als „Trüffelschweine". Manchmal werden nämlich erst durch sie besondere Lagen und Qualitäten von

Liegenschaften entdeckt. Weiterer Vorteil: Junge Kreative zählen zu den robusten Nutzergruppen, die oft bereit sind, auch Räumlichkeiten mit geringer baulicher, energetischer und ausstattungstechnischer Qualität in Kauf zu nehmen (wenn die anderen zuvor erwähnten Kriterien stimmen).

**Das Buch als unverzichtbares Kulturgut**

Das Buch ist ein sich wandelndes Objekt: von Steintafeln und Schriftrollen bis hin zum gedruckten, industriell gefertigten Buch und E-Book. In jeder Epoche des Buches kamen zu seiner grundsätzlichen Leistung (Aufzeichnung, Bewahrung und Weitergabe von Wissen und Erfahrung) noch weitere, besondere Aspekte hinzu: religiöse, gesellschaftliche, politische, propagandistische, aufklärerische, revolutionäre. Kann ein einfacher Verweis auf solche glorreiche Vergangenheit ausreichen? Grundlegende gesellschaftliche, kulturelle und technologische Veränderungen machen es dem Buch (einschließlich Autoren, Übersetzer, Buchhandel, Bibliotheken, Verlage) schwer, zu überstehen. Viele einst mächtige Kulturformen sind vergangen. Auch das Buch ist entstanden und kann vergehen. Doch dem steht eine hyperkomplexe Realität entgegen, der nur das Buch zu entsprechen vermag. Das schafft kein Tweet: „denn alle diese Schrumpfformen sind unfähig, unserer Gegenwart adäquat Rechnung zu tragen. Dabei ist der Umfang eines Buches kein Selbstzweck, sondern ein unentbehrliches Potential: „das Buch ermöglicht die eingehende Auseinandersetzung. Es erlaubt, den Dingen auf den Grund zu gehen. Eine notwendige Bedingung, wenn es um Komplexes und Kompliziertes geht. Es gestattet, Zusammenhänge herzustellen. In Ruhe und mit Zeit. Im besten Fall ermöglicht es, aus Informationen Wissen –und Bewusstsein- werden zu lassen. Ein Prozess, den wir dringend benötigen, weil Lesen in der explodierenden Bilderflut zum „Überfliegen" verkommt".

„Beim Lesen verschmilzt der Text des Buches mit der eigenen Erfahrungswelt. Ganz eigene Bilder entstehen in permanenter Produktion durch das Gelesene, in Interaktion mit dem Gelesenen: ein fruchtbarer Prozess". Funktionen des Buches und der Schule sind dynamisch vernetzt.

*Kapital ist nicht gleich Kapital*: das materielle Kapital steht in der Bilanz. Darüber hinaus sind aber auch Wissen, Prozesse, Beziehungen etc. auch Kapital, das in der Regel aber nicht in der Bilanz steht. In keiner Bilanz taucht auf, in welcher Größenordnung Impulse der Kultur- und Kreativwirtschaft speziell auf einzelne Wirtschaftszweige oder aber auf die Stadt- und Standortentwicklung insgesamt wirken. Bislang gibt es nur vereinzelte Ansätze wie solche immateriellen Ressourcen zu messen sind. Die Behandlung allein der finanziellen Werttreiber genügt heute nicht mehr, um den Erfolg zu messen. Die finanzielle Perspektive sollte deshalb um eine strukturierte Darstellung auch immaterieller Vermögenswerte erweitert werden. Oder anders ausgedrückt: die nichtfinanziellen Werttreiber sind wie ein Sockel (Vermögenswerte, die einen Beitrag zum Erfolg des Standortes leisten und weder materielle Güter noch Finanzanlagen sind) unter der Wasseroberfläche, der oft den größeren Teil des Eisberges der Performance ausmacht. Das Instrumentarium eines Eigenverlegers sollte somit maßgeschneidert um nichtfinanzielle Werttreiber erweitert werden, um schneller und erfolgreicher auf Änderungen des Umfeldes reagieren zu können. Neben der systematischen Erfassung der relevanten nichtfinanziellen Werttreiber ist allerdings die Darstellung von Zusammenhängen anspruchsvoll, mit der ihre Auswirkungen auf Ergebnisse auch quantitativ nachvollziehbar gemacht werden sollen. Aber erst dann lassen sich die wichtigsten Hebel zur Wertsteigerung erkennen, um die Ressourcen gezielt dorthin lenken zu können.

Grundsätzlich vorteilhaft ist die Erfassung des Intellektuellen Kapitals aus Kultur und Kreativität vor allem deshalb, weil übliche Berechnungen nur die finanzielle und materielle Vergangenheit widerspiegeln. Zahlen vermitteln den Leuten offenbar ein stärkeres Gefühl der Sicherheit: also wartet jedermann mit ein paar Statistiken und Analysen auf, so sinnlos diese immer auch sein mögen. Es ist aber auch immer das Ungewisse, d.h. die sogenannten „weichen" Faktoren, die eine Gesellschaft vorantreiben. Statistische Daten vermitteln mit ihrer vorgegaukelten Sicherheit meist nur ein oberflächliches Bild, d.h. Eigenverleger, die sich einzig auf materielle Faktoren verlassen, werden träge und weniger sensibel gegenüber Veränderungen. Ein wissensintensiver Eigenverleger setzt in dieser schnelllebigen Zeit daher für seine Zukunft vor allem auf erfolgsrelevantes Wissen, d.h. immaterielle Vermögenswerte, über die i.d.R. wenige oder keine verlässlichen Daten vorliegen.

Produkte mit „gefrorenem" Wissen: der Großteil des Marktwertes heutiger Produkte und Dienstleistungen basiert auf deren Informationsgehalt. Wenn Informationen in naher Zukunft immer mehr systematisiert und ebenfalls zur allgemein verfügbaren Handelsware geworden sind, werden Wachstum und

Marktwert von Produkten und Dienstleistungen immer mehr aus der Wissenskomponente herrühren. Im Mittelpunkt steht für einen Eigenverleger daher die Entwicklung neuer Ideen und besserer Fähigkeiten. Dieses Gestaltungsfeld ist eng mit dem Faktor Kultur- und Kreativwirtschaft gekoppelt.

*Ideenmanagement:* Ideen sind zu kostbar, um sie einfach wegzuwerfen. Selbst wenn sie im Moment nicht zu verwenden sind oder unsinnig erscheinen, könnten sie zu einem späteren Zeitpunkt noch einmal von Nutzen sein. Sie müssten dann ein zweites Mal erfunden werden, sofern dies überhaupt möglich ist. Ideen geschehen eher, als dass man sie auf Knopfdruck produzieren kann: im Nachhinein kann man in den seltensten Fällen erklären, wie man zu einer guten Idee/Problemlösung gelangt ist. Die Fähigkeit zur Produktion neuer Ideen und Problemlösungen liegt in der Kreativitätseigenschaft begründet. Kreativität ist eine wichtige Eigenschaft auf dem Weg zur Zukunftsfähigkeit eines Eigenverlegers. Kreativität ist eine Ressource, die sich durch Gebrauch vermehren lässt. Nur wer schnell und einfach auf kreative Grundlagen zurückgreifen kann, gewinnt Freiräume für neue Lösungswege. Das Geschäftsumfeld wird auch dem Eigenverleger Akteuren immer mehr eine positive Grundhaltung zum Wandel abverlangen, d.h.: wenn er sich nicht selbst der Zukunft stellt, werden es andere tun. Es wird sich dann schnell herausstellen, wer Probleme lösen kann und wer nicht.

Schwierigkeiten ergeben sich dadurch, wenn es darum geht etwas zu bewerten, das man nicht mit dem Millimetermaß der Finanzanalyse angehen kann. Nicht alles was gemessen wird, muss deshalb auch von Bedeutung sein; nicht alles was wichtig ist, muss deshalb auch zu messen sein. Die wichtige Frage lautet somit: ist Kultur- und Kreativwirtschaft messbar? Die Antwort ist: Ja, denn auch Bewertungen hierzu sind fassbare, erfragbare Realitäten. Wer Transparenz scheut, hat meist nur geringes Vertrauen in sein eigenes Beurteilungsvermögen und hat in einer immer mehr wissensorientierten Wirtschaftswelt immer weniger Chancen. Frage: sollte der Eigenverleger einen bestimmten Einflussfaktor eher entwickeln, analysieren, stabilisieren oder besteht für ihn aufgrund der derzeitigen Lage vielleicht kein Handlungsbedarf?

Im ganzheitlichen Ansatz wird dabei nie isoliert nach nur einem einzelnen Faktor gefragt, sondern immer auf das aus allen Faktoren zusammengeknüpfte Wirkungsnetz geachtet. Dieses ist somit auch der Bezugsrahmen für die darin eingebettete Kultur- und Kreativwirtschaft. Dabei wird auf der horizontalen Achse eines Portfolios die Bewertung des jeweiligen Sachverhaltes angezeigt. Dieser Wert wird als Durchschnitt aus den drei Dimensionen „Quantität", „Qualität" und „Systematik" ermittelt. Auf der zweiten vertikalen Achse des Tableaus wird das Einflussgewicht des Faktors aufgetragen. Dies ermöglicht eine anschauliche und auf einen Blick erfassbare Zuordnung und Abgrenzung nach unterschiedlichen Handlungsfeldern.

## Konzept für eine Altersvorsorge entwickeln

*Zum Beispiel Investmentrente mit Umschichtungskonzept*: zunächst wird mit Aktienfonds systematisch aufgebaut. Rechtzeitig vor Ablauf der für die Ansparphase gewählten Laufzeit wird -bei positiver Entwicklung der Aktienmärkte- das angesammelte Vermögen per Umschichtung „gesichert", d.h. bei positiver Marktentwicklung wird mehr umgeschichtet, bei nicht so guter Entwicklung wird weniger oder sogar gar nichts in Rentenfonds umgeschichtet, um zukünftige Kurschancen für den Aktienfondsbestand zu erhalten.

Für eine Investmentrente als Langfristvorsorge sollten nach diesem Konzept mindestens 12 Jahre eingeplant werden. Darüber hinaus kann die Laufzeit frei -z.B. nach dem Renteneintrittsalter- ausgerichtet werden. in den ersten Jahren wird zu 100 % in Aktienfonds investiert, um die Chancen der Aktienmärkte voll zu nutzen. Drei Jahre vor Laufzeitende greift die marktorientierte Umschichtungsautomatik, die nach fest vorgegebenen Kriterien arbeitet. Genauso wichtig wie das Sparen während des aktiven Berufslebens ist das Konzept nach dem die Geldentnahme im Alter fließt. Fast alle Fondsgesellschaften bieten sogenannte Auszahlpläne an: Die Anlagesumme wird in einen bestimmten Fonds investiert und verzinst sich laufend weiter. Die Gesellschaft entnimmt dabei regelmäßig Fondsanteile und überweist den Gegenwert. Dafür ist es zunächst wichtig, festzulegen, wie lange die Rentenzahlung laufen soll (Entnahmezeitraum) ---- Fünf Jahre, zehn Jahre oder eventuell bis zum Tod (mit Vermögensübergang an die Erben, da das Kapital erhalten wurde). Wichtig ist auch, welcher Anlagefonds gewählt wurde und wie dessen zukünftige Wertsteigerung anzusetzen ist.

Die Auszahlungen können in der Höhe geändert oder ausgesetzt werden, die Flexibilität entspricht der eines Einzahlungsplanes. Beispiel: Am Ende eines sehr guten Börsenjahres werden die erzielten Erträge „gesichert", indem ein Großteil der Aktienfondsanteile verkauft und dafür Anteil von weniger schwankungsintensiven Rentenfonds gekauft werden. In einem weniger guten Börsenjahr bleibt dagegen der Großteil des Vermögens im Aktienfonds, um von den Chancen der nächsten Jahre profitieren zu können. Das Prinzip: Je höher der Ertrag, desto mehr wird gesichert. Bei einer positiven Entwicklung der Aktienmärkte während der Umschichtungsphase ist der überwiegende Teil des Vermögens zum Schluss in Rentenfonds investiert. Das ist wichtig, damit das Kapital bis zum Laufzeitende mit einem Rentenfonds ein beruhigendes Polster für die finanzielle Zukunft schafft. Im Falle durchgehend negativer Wertentwicklungen in den letzten Laufzeitjahren findet keine Umschichtung statt. Dann bietet es sich an, das angesammelte Vermögen bis zu einer künftigen Kurserholung in Aktienfonds zu belassen und erst zu einem späteren, günstigeren Zeitpunkt in Rentenfonds umzuschichten.

Es kommt mehr denn je auf die richtige Balance zwischen Rendite und Risiko an. Kernelemente sind: regelmäßige Anlage in langfristig renditestarken Aktienfonds, "intelligenter" Umschichtungsmechanismus zur Verstetigung der Erträge in der Schlussphase der Laufzeit. Durch die marktorientierte Umschichtungsautomatik soll die Ertragsstärke der Aktienfonds möglichst lange genutzt werden. Zur Stabilisierung des Endergebnisses wird in den letzten drei Jahren, vor Ende der gewählten Laufzeit bei positiver Entwicklung der Aktienmärkte im jeweiligen Jahr von Aktien- auf kursmäßig stabilere Rentenfonds umgeschichtet. Wenn es ein gutes Aktienjahr war, wird ein höherer Anteil umgeschichtet, stehen sie tief, wird ein günstigerer Zeitpunkt abgewartet. Am Ende steht das Kapital bei guter Aktienmarktentwicklung schließlich überwiegend in kursstabileren Rentenfonds abgefedert gegen eventuell nachfolgende Risiken - zur Verfügung.

**Traum von der Million**

Von der Geldanlage einer Million leben zu wollen (können) könnte sich auch als ein Trugschluss erweisen. D.h. wenn jemand (z.B. durch Lotto, Erbschaft, Auszahlung einer Lebensversicherung) sich auf seinem Konto über eine Million freuen darf, sollte trotzdem erst einmal genau rechnen, bevor er seinem Arbeitgeber kündigt. Wer heutzutage eine Million auf einem Sparbuch, Tagesgeld oder Girokonto anlegt, kann schon froh sein, wenn er dafür keine Strafzinsen zu zahlen hat. Und am Kapitalmarkt? „In offenen Immobilienfonds sind derzeit Renditen von 2 Prozent möglich (bei einer Million wären das 20.000 Euro: nach Abzug der Abgeltungssteuer verbleiben davon 14.000 Euro, d.h. 1.200 Euro im Monat)." Will oder kann man davon leben?

Höhere Renditen sind nur mit höherem Risiko möglich. Wenn DAX-Werte 3 Prozent Dividendenrendite bringen sollten, wären das 30.000 Euro vor Steuern im Jahr (nach Steuern etwa 1.700 Euro pro Monat). Auch eine Immobilie bringt es nach Abzug aller Kosten und Steuern auch auf kaum mehr als 3 Prozent Rendite: wer Eigentümer ist, wird wissen, dass mietfrei nicht kostenfrei heißt, denn immer fallen auch Instandhaltungs- und Nebenkosten an. D.h.: von einer Million ohne Arbeit leben zu wollen heißt, dass dieser Betrag von Jahr zu Jahr weniger auf dem Konto würde und damit auch die Erträge aus der Anlage sinken würden. Wann die Million dann aufgebraucht wäre, hängt wesentlich vom Lebensstil und Konsumverhalten ab. Mit

Reisen, teuren Autos und einem schicken Haus kann die Million schnell ausgegeben sein. Ist die Million über jahrelanges Sparen angesammelt worden? Dann ließe sich die Sache schon eher kalkulieren, denn dann dürfte auch der Lebensstil relativ stabil sein. Anders sieht die Sache dagegen bei kurzfristig erlangtem Reichtum (Lotto, Erbschaft, Versicherungsauszahlung u.a.) aus: der Umgang mit dem Gefühl, plötzlich Geld zu haben, ist noch nicht geübt und der Impuls, sich jetzt lang ersehnte Träume zu erfüllen, ist riesengroß.

„Die allgemeinen Lebenshaltungskosten liegen in Deutschland bei 1600 Euro im Monat. In teureren Städten wie München sind es gut 2000 Euro, in ländlichen Gebieten eher nur 1400 Euro. Dazu kommen noch Krankenversicherungskosten von rund 300 Euro im Monat. Wer auch mit einer Million auf dem Konto wie der Durchschnitt leben will, sollte also inklusive Versicherung 2000 Euro im Monat und 24000 Euro im Jahr ansetzen. Die Million kann so für 40 Jahre reichen – wenn die Inflation ignoriert wird. Wer 1 Prozent Teuerungsrate unterstellt, braucht in 40 Jahren schon 3000 Euro, um wie der Durchschnitt leben zu können. Bei 2 Prozent sind es 4400 Euro. Die Million ist dann deutlich schneller weg".

www.ingramcontent.com/pod-product-compliance
Lightning Source LLC
Chambersburg PA
CBHW070335240526
45466CB00027B/1186